KB057725

화병의인문학

근현대편

iMH

경희대학교 인문학연구원
HK+통합의료인문학연구단
통합의료인문학문고

01

화병의 인문학
근현대편

의료문학으로 보는 화병

박성호 최성민 지음

모시는사람들

전통과 근대의 구분은 자의적인 측면이 있지만 편리합니다. 근대의 우월함이 전제되었다는 점에서 자의적이지만, 새롭게 나타났거나 강화된 속성들을 쉽게 근대라고 규정할 수 있다는 점에서 편리합니다. 근대가 전통과 차이가 없다고 보기도 힘듭니다. 의료의 경우 그 구분은 좀 더 명료합니다. 한국이 대표적일 것입니다. 개항 이후 서양의학은 전통적인 한의학과 여러 측면에서 구분이 되니까요.

그러나 최근 그 구분에 대한 생각이 바뀌고 있습니다. 생각보다 그 경계가 분명하지 않다는 것입니다. 위에서 이야기했듯이 자의적이고 불명료하다는 것입니다. 상대적으로 지속성이 강한 생활과 문화에서 그 불명료함은 더합니다. 의료를 시술하는 의료인이 아니라 그 대상이 되는 환자의 입장에서 보면, 전통과 근대의 구분은 생각보다 분명하지 않을 것입니다. 질병은 더할 것입니다. 인류가 그렇듯이 질병 역시 전통을 거쳐 근대까지 지속되고 있으니까요.

화병은 그런 점에서 좋은 연구 소재입니다. 전통적인 질병이면서 근대까지 지속되고 있고, 한의학을 넘어 서양의학의 관심 대상이 된다는 점에서 그렇습니다. '화병의 인문학'이 전통편과 근현대편 두 권으로 나뉘어 출간되는 이유도 그 연속성에 주목했기 때문입니다. 나아가 화병은 한국의 특수성을 보여줄 수 있는 소재입니다. 한국에만 존재하는 질병이니까요. 그렇게 생각하면, '화병의 인문학'은 한국이라는 구체적인 공간을, 전통과 근대라는 시대를 파악하려는 야심찬 기획이라고 평가할 수 있습니다.

'화병의 인문학'은 경희대 통합의료인문학연구단이 추진한 첫 기획의 산물입니다. 그동안 의료인문학은 의료인들이 주도했습니다. '인간적인 의사 만들기'는 의학교육의 주요 목표이고, 의료인문학은 그 목표를 실행할 수 있는 주요 학문이었습니다. 하지만 이 글의 저자들은 한국 국어국문학 전공자입니다. '화병의 인문학'은 의료인문학에 인문학자들이 본격적으로 참여하기 시작했다는 증거입니다. 그 참여를 통해 의료인문학은 물론 인문학 역시 성장해 나가리라 믿습니다. '화병의 인문학'은 경희대 통합의료인문학연구단이 추구하는 지향을 알려주고 있습니다.

경희대 통합의료인문학연구단의 첫 기획을 완성해 준 최성민, 염원희, 박성호 선생님, 기획을 제안하고 추진하신 김양진 선생님께 감사드립니다. 이 책 '화병의 인문학: 의료문학으로 보는 화병' 근현대편은 박성호, 최성민 선생님이 저술을 담당했습니다. 우리 연구단의 이번 기획도 도서출판 모시는사람들의 힘을 빌려 나올 수 있었습니다. 박길수 대표님께 감사드립니다. 문학은 사학이나 철학보다 상대적으로 쉽게 독자에게 다가갈 수 있는 학문이라 생각합니다. 야심적으로 기획되고 완성된 이 책이 의료문학을, 나아가 의료인문학을 고민하는 분들께 사랑을 받을 수 있기를 기대합니다.

2020년 8월

경희대 인문학연구원 HK+통합의료인문학연구단 단장 박윤재

화병의 인문학 —근현대편

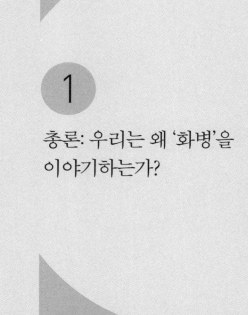

1

총론: 우리는 왜 '화병'을
이야기하는가?

화병(火病)은 분노가 쌓여 울(鬱)해지며 답답한 기운이 누적된 질병을 말한다. 『표준국어대사전』(국립국어원)에서 화병은 "억울한 마음을 삭이지 못하여 간의 생리 기능에 장애가 와서 머리와 옆구리가 아프고 가슴이 답답하면서 잠을 잘 자지 못하는 병"으로 풀이된다.

한의학에서 '화병'은 '화(火)'의 개념에서 나왔지만, 단일한 병인(病因)을 가진 병명으로 보지는 않는다. 서구의 질병분류체계에서는 '화병'을 한국의 특수한 지역적, 사회적 문화와 관련된 정신의학적 증후군으로 판단한다. 이는 화병이 사회문화적 요인과 밀착되어 있음을 방증한다. 화병은 증상적으로는 광범위하고, 사회문화적으로는 국지적이라 할 수 있다. 국제적으로 통용되는 정신질환 진단 분류체계(Diagnostic and Statistical Manual of Mental Disorders) 즉 DSM-IV에서는 '화병'을 하나의 사회문화적 배경 속에서 나타난 문화 관련 증후군으로 분류하여 공식 질병으로 간주한 바 있다. 한국어 발음 그대로 질병명 '화병(Hwabyong)'으로 등재되었다.

황의완 박사의 『화병 극복 프로젝트』(조선이북, 2011)에 따르면, '화병'은 우울증과 신체적 불편을 동반하며, 공황 증상이나 불안장애로 나타나기도 한다. 가장 특징적인 것은 가슴이 답답하거나 열이 치밀어 오르는 고유한 증상이다. 중년 여성들에게 특히 두드러지게 나타나는 것으로 보지만, 노인이나 남성, 하층 계급 등에서도 나타나는 것으로도 진단한다.

1989년 〈대한신경의학회〉 학술지에 실린 연세대학교 의과대학 정신과학교실 민성길 교수의 논문 「화병의 개념에 대한 연구」는 1985년 1월부터 1988년 6월까지 민 교수가 진찰한 화병 환자 100명을 분석한 결과물이었다.

이 논문에 따르면, 화병 환자는 여성이 87명으로 남성에 비해 압도적으로 많았고, 연령대별로는 40대가 가장 많고, 그다음이 50대였다. 경제적으로는 중하층이 대부분이었다. 화병의 원인은 남성의 경우 '가난', '억울한 거짓 비난', '사업 실패', '승진 누락' 등 사회적인 원인이 많은 데 비해, 여성들은 남편이나 시부모와의 가정 내 갈등 문제가 대부분이었다. 구체적으로는 '남편의 외도', '술주정 폭력', '시부모로부터의 무시', '비인간적인 대접' 등이었다.

1997년 신경정신의학 학회지에 실린 논문 「홧병에 대한 진단적 연구」(박지환 외)에서도 화병은 환자의 88%가 여성이었고, 36세 이상의 환자가 60% 이상을 차지하는 것으로 나타났다.

화병은 우리에게 익숙한 질병이지만, 막상 화병에 대해 구체적으로 알아보거나 고민해보는 사람은 그리 많지 않다. 워낙 익숙한 질병이기에 그런지도 모른다. 감기를 앓는 사람은 많지만 정작 감기에 대해 구체적으로 탐구하는 사람은 별로 없듯이 말이다. "이러다가 화병 나겠다."라는 말을 익숙하게 사용하면서도 정작 그 화병이라는 게 무엇인지, 그리고 우리는 왜 버릇처럼 저런 말을 쓰는지 생각해본 사람은 별로 없는 듯하다.

특히 문학에서의 화병은 익숙한 소재이면서도 정작 사람들에게는 별반 관심을 받지 못했던 듯하다. 한의학을 바탕에 둔 화병 개념이 보편적이었던 근대 이전은 차치하고서라도, 서구 의료가 본격적으로 유입되기 시작한 근대 초기에도 화병은 여전히 문학의 단골 소재로 등장하곤 했다. 비록 '화병'이라는 이름을 그대로 보전한 채 이어져 내려온 것은 아니지만, 근대 서구 의료와의 충돌과 접합 사이에서 그 이름이나 기전의 다양한 변모를 겪으면서도 아직까지 살아남아 있다.

병리학적으로 화병이 무엇인지를 탐구하는 것은 이미 한의학은 물론이려니와 신경정신의학에서도 많은 성과를 축적하고 있다. 화병의 개념, 진단, 치료법 등에 대해서는 지금도 수많은 논문과 저서들이 쏟아져 나오고 있다. 하지만 우리에게 화병은 그저 질병으로서만 존재하는 게 아니다. 화병은 하나의 '문화'다. 화병은 근대 이전부터 오랜 역사를 지녀왔으며, 21세기인 오늘날까지도 여전히 사람들의 인식과 생활에 영향을 주고 있다.

이 책에서 살펴보고자 하는 것은 바로 그러한 흔적의 흐름이다. 우리는 다음과 같은 질문을 던지고 답을 찾아보고자 한다. 근대 초기에서부터 오늘날에 이르기까지 화병이 문학 속에서, 혹은 다양한 매체와 서사 속에서 자신의 이름과 외양을 어떻게 바꿔가면서 살아남아 있는가. 어째서 우리는 21세기인 지금까지도 자연스럽게 화병을 이야기할 수 있는 것일까. 화병이 익숙한 문화에는 어떤 문제의 원인이 잠재되어 있는 것일까.

질병의 원인을 근본적으로 없애지 못하고 질병의 증상에만 대응하려는 대증요법의 한계는 분명하다. 화병의 경우에도 마찬가지다. 어두웠던 식민지 시대와 분단과 전쟁, 산업화와 독재, 억압적인 가부장제, 이 모든 역사는 '화병'과 무관하지 않다. 분노와 억울함을 유발해온 역사이며, 그것을 쉽게 풀어낼 길이 없었던 것이 우리 사회였다.

"가슴 속에서 불이 치밀어 오르는 듯하다"는 20세기 초의 표현에서부터 "암 걸릴 것 같다"는 최근의 속어에 이르기까지, 분노와 억울함을 속 시원히 풀어내지 못하는 감정이 병을 만들어 낸다는 사고방식은 겉모습만 조금씩 바꿔가면서 유구하게 이어져 내려오고 있다. 이 책에서는 그러한 과정들을 되짚어보는 '문화의 고고학' 작업을 시도해보고자 한다.

2

근대를 만난 화병, 고난을 만난 여성

— 신소설 속 화병의 재구성

울화는 사람을 병들게 한다

1907년, 을사보호조약의 부당함을 알리기 위해 네덜란드 헤이그로 건너간 대한제국의 조선인 세 사람이 있다. 그곳에서 열리는 만국평화회의에 참석해서 전 세계 각국 대표들에게 일본의 만행을 알리고, 대한제국의 독립을 수호하겠다는 큰 포부와 울분을 함께 안고 헤이그에 도착한 세 지사. 그러나 누구도 단상 위에 서는 건 고사하고 회의장에 입장조차 하지 못한다. 그리고 그중 한 명이 머나먼 타국 땅에서 목숨을 잃는다. 사후에 '열사'의 칭호를 얻은 이준(李儁)이 바로 그 사람이다.

이 소식은《대한매일신보》등 당시 신문을 통해 조선 전역에 널리 알려졌다. 그때 신문이 보도했던 이준의 사인(死因)은 분사 (憤死). 당시 대한제국이 처한 상황을 각국 대표 앞에서 호소하다가 그 울분을 이기지 못하여 "하늘이시여, 우리 한국의 독립

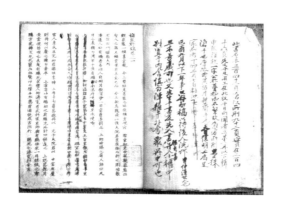

이준의 '자결'을 기록한 황현의 『매천야록』
(ⓒ한국학중앙연구원, http://encykorea.aks.ac.kr/
Contents/Item/E0017999) OPEN

을 회복케 하소서(蒼天이여 我韓國獨立을 回復케 ᄒ소서)!"를 외치면서 피를 뿌리고 절명했다는 것이다. 황현의 『매천야록(梅泉野錄)』이나 정교의 『대한계년사(大韓季年史)』에서는 한 발 더 나아가, 격분한 이준이 스스로 배를 갈라 각국 대표를 향해 피를 뿌리면서 "이래도 믿지 못하겠는가?"라고 외쳤노라고 기록하였다.

실제 이준의 사인은 병사(病死)이며, 《대한매일신보》가 전하는 식의 '장렬한 죽음'과는 다소 거리가 멀었던 것으로 알려져 있다. 하지만 병석에서 맞이한 죽음이든 각국 대표 앞에서 연설 도중 가슴에 맺힌 충혈(忠血)을 입으로 흩뿌린 장렬한 죽음이든, 혹은 스스로 배를 갈라 청중을 향해 핏덩어리를 집어던지는 극적인 자결이든, 그 기반에는 '울화-피-죽음'의 인과관계가 작동한다는 점은 마찬가지다. 말하자면 이준의 죽음을 이해하는 기저에 화병(火病)에 대한 인식이 자리 잡고 있다는 뜻이다. 이준의 억울함은 대한제국의 억울함과 등치되었고, 그런 이준이 피를 토하며 죽었다는 보도는 곧 대한제국이 처한 절망적 현실에 대한 수사로 치환될 것이었다. 그리고 이러한 유비 관계를 가능하게 했던 공통분모는 바로 '화병'이었다.

19세기 말에서 20세기 초, 우리가 흔히 '구한말'이라 부르는 시대. 서양식 병원이 설립되고 우두법이 도입되는 등 서구적(혹은 근대적) 의료체계가 조금씩 자리 잡기 시작하던 무렵에도 화병은 여전히 당시 사람들의 생활과 적잖은 연결고리를 가지고 있었다.

앞서 언급한 역사적 사건에서도 그러하거니와, 화병은 비단 특정한 증상이나 질환의 형태로 이해되었던 것만은 아니다. 그보다는 화를 매개로 해서 사람들은 서로의 감정을 이해하고 공유할 수 있었다. 《대한매일신보》가 이준의 죽음을 화병으로 해석하여 독자에게 전달할 때 이준이 화병에 걸려 죽었다는 사실관계의 전달이 중요했던 것이 아니다. 이준의 '울분'이 그만큼 컸다는 것, 그리고 이를 독자들이 공감하고 똑같은 혈성(血誠, 진심에서 나오는 정성)을 품어주었으면 하는 바람을 담아낸 기사였다.

당연한 이야기로 이러한 방식은 비단 보도기사에만 적용될 바는 아니었다. 오히려 독자의 공감과 호응을 유도한다는 측면에서, 화병을 통한 감정의 공유는 보도기사보다 신문연재소설에서 더욱 효과적으로 활용될 수 있는 방법이었다. 실제로 당시 신문연재소설은 물론 이후 단행본으로 출판·판매된 여러 신소설 중에는 등장인물의 감정이나 상태를 효과적으로 독자에게 전달하기 위해 화병을 직·간접적으로 활용한 경우가 적지 않다.

유행병 아닌 유행병

1906년 《만세보》에 연재된 이인직의 「혈의누(血의淚)」는 보통 '최초의 신소설'로 손꼽힌다. 신소설이란 말 그대로 신(新), 즉 '새로운 소설'이라는 뜻인데, 중국에서는 주로 당대의 정치적 문제를 논하는 것을 목적으로 하는 소설을 가리켰다. 한국에서 '신소설'이라는 단어는 꼭 그러한 의미로 사용되지는 않았지만, 그래도 분명히 새로운 점은 있었다. 가장 먼저 눈에 띄는 특징은 '옛날 옛적에' 내지는 '성종 연간에' 등으로 시작했던 종래의 소설과는 달리, '일청전쟁의 총소리는 평양 일경이 떠나가는 듯'이라며 동시대를 배경으로 삼았다는 점이다.

이 '새로운' 소설 「혈의누」에서 주인공 옥련의 어미인 최씨 부인은 남편과 딸을 잃고 헤매다가 외간 남자에게 겁탈당할 위기에 처하기도 하고, 자기 집에 갑자기 들이닥친 일본군 때문에 크게 놀라기도 한다. 가족이라는 보호망이 무너진 상황에서 홀로 빈 집만 지키게 된 최씨는 남편과 아이를 다시 만날까 기약 없는 기다림을 시작한다. 하지만 가족은 돌아오지 않고, 처음에는 우울증 유사 증상을 보이다가, 나중에는 정신착란까지 겪는다. 마지막에는 "잠시도 이 세상에 있기 싫"은 마음이 들어, 결

이인직의 「혈의누」를 연재했던 『만세보』(1906년 7월)

국 대동강 물에 몸을 던지고 만다.

「혈의누」에는 초반부터 두 명의 환자가 등장한다. 한 명은 연재 첫 장면에서 총을 맞는 옥련이고, 다른 한 명은 가족을 잃고 마음의 병을 앓는 최씨 부인이다. 옥련은 그래도 일본군에게 구출되어 치료를 받고 군의관 이노우에의 양녀가 되어 일본으로 건너가지만, 의탁할 곳 없는 최씨 부인은 고난을 견디다가 마음에 쌓인 울화로 투신자살을 시도하기에 이른다. 다행히 최씨 부인은 어느 뱃사공에게 구조되지만, 이처럼 신소설에서 고난을 겪는 여성이란 빠질 수 없는 요소였다.

화병은 이러한 고난과 밀접하게 연관되어 있다. 현대 한의학에서 화병의 원인으로 손꼽는 것은 대체로 가족 내에서의 갈등 내지는 가족을 잃은 슬픔 등이다. 민성길 등(1997)에 따르면 어릴 때 겪은 가족과 관련된 불행한 경험, 결혼생활에서 겪는 갈등, 자식 양육 과정에서 겪는 부모로서의 좌절, 가난이나 사회적 제약으로 인한 내적 갈등, 정치·사회적인 억압이나 가족과의 이별 등이 화병의 원인이 된다고 한다.

신소설이 흥행하던 시대, 즉 20세기 초의 극심한 혼돈 상황에서 이러한 기전은 더욱 강력하게 작동했을 것으로 보인다. 당시 여성에게 가정은 필수적인 안전망이자 동시에 여성의 거의 유일한 사회적 존립 기반이었기 때문이다. 누군가의 딸이나 며느리 혹은 부인이나 어미라는 역할을 떠나 독립적인 개인으로 존재할 수 있는 여성은 그리 많지 않았다. 그러하기에 이러한 안전망이자 존립 기반인 가정에서의 안전과 안정이 '붕괴'된다는 것은 여성들에게 분명 극심한 스트레스를 부과할 것이었다.

「혈의누」에서 묘사되는바 최씨 부인이 집안에서 겪는 고난은 그녀에게 엄청난 스트레스를 주었지만, 그럼에도 그녀는 계속 집을 지키고 있을 수밖에 없었다. 빈집이라도 지켜야 그나마 이산한 가족을 재회하여 고난에서 벗어날 가능성이 있기 때문이다. 가족의 이산이라는 고난을 홀로 감내하며 집을 지키는 최씨 부인으로서는 가중되는 스트레스를 피할 길이 없다. 그리고 최종적으로, 가족과의 재회가 불가능하다는 결론에 도달했을 때, 그녀가 택할 수 있는 길은 그저 삶을 포기하는 길뿐이었다. 우울에서부터 착란으로, 나아가 자살 시도로까지 점증되는 최씨 부인의 증상은 이러한 고난과 직결되는 것이었고, 해결할 수 없는 고난 앞에 선 여성은 또한 피할 수 없는 질병과 직면해야 했다. 그것이 바로 신소설 속 여성인물들이 공통적으로 앓게 되는 '화병'이다.

여러 신소설에서 억울한 상황에 처한 여성인물을 찾기란 별로 어렵지 않다. 아니, 신소설의 서사에서 중심을 차지하는 여성인물들은 하나같이 이런 상황에 빠지곤 한다. 애초에 신소설 자체가 확고한 도덕적 가치관을 함양한 여성인물이 외부로부터 닥쳐오는 여러 형태의 고난을 헤쳐 나간다는 클리셰를 공유하는 장르이다 보니 이런 장면이 자주 연출되는 것은 자연스러운 일이다.

이인직의 「은세계」에서 본평댁은 강원감사의 탐학(貪虐)으로 인해 억울하게 남편을 잃는다. 남편인 최병도야 강원감사에게 죽임을 당하는 것으로 끝이지만, 본평댁에게는 그게 끝이 아니다. 자기도 남편을 따라 죽고 싶지만 어린 딸과 유복자까지 있다. 죽고자 하는 생각과 죽어서는 안 된다는 생각이 서로 얽혀서 밤낮으로 서러운 마음만 든다. "간은 녹는 듯, 염통은 서는 듯, 창자는 끊어지는 듯, 가슴은 칼로 어이는 듯" 하는 마음의 병은 신체로까지 파급된다. 아이를 순산해야 한다는 모성애 때문에 간신히 참아내지만, 조산부의 말을 오해하여 아이가 딸 아니면 장애아라고 생각한 끝에 크게 낙심하여 결국은 실진(失眞), 즉 미쳐 버리고 만다.

억울하게 남편을 잃거나, 뜻하지 않게 가족과 이산하거나, 정혼자의 부재로 정절을 지키기 힘든 상황에 놓이거나, 배우자의 배신으로 버림을 받는 등 신소설 속에서 여성인물이 겪는 고난은 무척 다양하다. 하지만 이러한 고난에 대한 대응 방식은 크게 다르지 않다. 참고 견디는 것. 그러나 마냥 참고 견디는 것도 쉬운 일은 아니기에, 이들은 곧잘 병에 노출되고 만다. 이러지도 저러지도 못하는 상황에 대한 울분과, 그러한 상황에 놓인 자신에 대한 연민 등에 휩싸여 신소설 속의 여성인물들은 화병에 걸리고 만다.

> 천하에 사람이 못할 노릇은 사람 기다리기라. 하루 이틀이 열흘 스무날이 되고, 열흘 스무날이 한 달 두 달 지나는데, 부인이 살자니 살 마음이 없고, 죽자니 어린 것으로 해서 차마 못하며 유유한 세월을 보내느라니, 자연 심화병이 생기어 식음을 전폐하고 자리에 한 번 누워 다시 일어날 기약이 묘연할 지경이라.
> (「우중행인」, 1913)

이때 노파는 관문 밖으로 다시 뛰어나와 손뼉을 딱딱 치며 소리소리 지르고, 춘영과 두형은 장방 속에 갇히어서 분심을 못 견디어 주먹으로 땅을 치는데, 군수가 다시 호령을 하며 잡아내라 끌어내라 하다가 보니까, 박씨가 입으로 선지피를 토하고 소리

없이 모로 떨어지는지라…. (「봉선화」, 1912)

여자의 편성(偏性)이라 그 일로 근심이 되어 어찌하면 시어머니의 의심을 풀고 가정이 원만하게 지내 볼꼬 하는 마음이 가슴에 맺히고 맺혀 있는 결과로 자연 얼굴에 화색이 없고 차차 구미가 달지 아니하더니 며칠 아니 되어 우연히 병이 나는데, 그 병은 다른 병이 아니오 곧 심경병(心境病)이라. 사지가 날연무기(茶然無氣)하고 공연히 정신이 희미하며 때때로 오한(惡寒)이 발하여 동양의학에 소위 뇌점이란 병과 흡사히 되더니 점점 신체가 파리하며 병이 깊어 가는지라…. (「안의성」, 1912)

하지만 이런 신소설에서 직접적으로 화병 혹은 그와 유사한 병명이 실제로 거론되는 경우는 얼마 되지 않는다. 오늘날에는 병이 들었다고 생각하면 의사를 찾아가는 게 보통이고, 애초에 병들었다는 판단 자체를 전문적인 의료인이 하게 마련이겠지만, 1900년대까지만 해도 이런 시스템은 익숙한 게 아니었다. 병원이라는 근대적 시설과 의사라는 근대적 의료 체계의 전문가가 등장해서 진단을 내리고 병명을 밝혀 주는 방식을 소설에서 만나려면 적어도 1910년대는 되어야 한다.

대신 그 증상이나 예후에 대한 서술은 마치 서로 참조라도 하

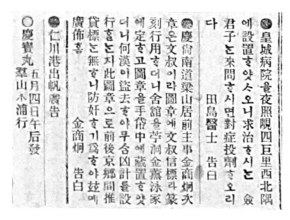

1900년대의 병원 광고.
당시 사람들에게 병원은 아직 익숙한 존재가 아니었다.
《황성신문》 1900년 5월 3일자 3면

면서 쓴 것처럼 흡사하다. 삶에 대한 의욕을 잃거나 자살을 기도하기도 하고, 가슴이 막히는 듯한 답답함과 통증을 느끼다가 기절하거나 토혈(吐血)을 한다. 가장 공통적으로 나타나는 것은 가슴과 관련된 육체적 증상이다. 울화, 심화(병), 심경병, 화증 등으로 표현되고는 한다. 가슴에 맺힌 바로 인하여 얼굴에 화색이 없고 입맛을 잃어서 심경병(心境病)에 든다거나(「안의성」), 입으로 선지피를 토하면서 쓰러져 가슴이 차가워진다거나(「봉선화」), 그 결과로 식음을 전폐하고 자리보전을 하는 등(「우중행인」)이었다.

여기서 더 심해지면 피골이 상접하여 살아 있는 사람의 몰골 같지 않은 형태가 되거나(「해안」), 아예 전광(癲狂: 정신이상으로 인한 미친 증세)과 같은 본격적인 정신질환으로 진행되기도 한다. 「은세계」의 본평댁이나 「안의성」의 정애가 대표적인 사례다. 이들은 화병이 발병하여 신체가 쇠약해지다가 마침내 착란 증상까지 보이기 시작한다. 말하자면 마음(心)의 병이 몸(身)으로 발현되었다가 다시 정신, 즉 '마음'으로 회귀하는 셈이다. 본평댁이 아들인 옥남을 강원감사로 오인해서 낫을 들고 덤벼드는 것이나, 정애가 아무나 붙잡고 시어머니가 회개하게 해달라고 기도하는 것이 그렇다.

신소설에 나타나는 이러한 일련의 장면들은 오늘날 화병 관련 연구와도 맞닿은 지점이 적지 않다. 현대 한의학에서 화병의 주요한 특징으로 꼽는 것 중 하나가 바로 신체적으로 나타나는 증상이다. 화병에 대한 임상연구에서는 분노, 억울, 불안, 초조, 우울, 의욕상실 등의 정서적인 증상과 함께 답답함, 두근거림, 치밀어 오름 등의 다양한 신체적 증상(김종우, 253쪽)이 거론된다. 더불어서 정신의학의 관점에서는 신체화 장애, 주요 우울 장애, 신경증적 우울증, 범불안 장애의 복합적 형태(김종우, 102쪽)로 이해되기도 한다. 즉 화병은 신체적 증상을 동반하며 오늘날의 질병 범주로는 우울증과 인접한 질환으로 이해할 수 있다는 이야기다.

다만 이것만으로 신소설의 여성인물들에 대해 화병이라는 '진단'을 내리기에는 무리가 있다. 당시의 신소설 작가들이 화병에 대한 명확한 병리적 이해를 바탕으로 소설 속에 반영했다고 보기도 무리가 있을뿐더러, 앞서도 말했지만 소설 내에서 전문가에 의한 구체적인 진단·치료가 이루어지는 것도 아니다. 신소설이 보여주는 화병의 범주는 특정한 증상이나 질환에 대해 일반인들이 공유하는 인식, 즉 '느슨한' 경계선상을 공유하는 정도에 그친다. 이는 신소설에서 화병 또는 이를 지시할 수 있는 별도의 병명이 구체적으로 거론되는 사례가 적다는 점, 그리고 설사 거론되더라도 단지 서술자의 입을 빌릴 뿐 전문적 의료체계 하에서의 진단을 거치지 않는다는 점을 통해서도 확인할 수 있다.

어디에나 있고, 어디에도 없는 병

그렇다면 이들은 왜 굳이 화병에 대한 '진단'을 내리지 않는 걸까. 크게 두 가지를 생각해볼 수 있다. 하나는 구체적인 병명을 거론하면서 그에 대한 대증(對症) 처방을 내리는 방식 자체가 당시로서는 일상적이지 않았다는 것이다. 무슨 병에는 무슨 약, 무슨 치료와 같은 진단-처방 방식은 오늘날에는 익숙한 것이지만 20세기 초만 해도 한국 내에서는 그리 보편화된 방식은 아니었다.

당장 신소설 속에서의 서술만 봐도, 등장인물이 구체적인 증상으로 발현되는 질병을 앓는다고 제시되는 경우는 드물다. 가장 많이 보이는 증상은 '기절'인데, 그게 정신적 충격에 의한 것이든 신체 내의 기능장애에 의한 것이든 신소설이 대응하는 방식은 똑같다. 손발을 주무르거나, 백비탕(白沸湯)을 먹이는 식이다. 그런데 백비탕이라는 것도 별다른 약제가 아니라 그냥 물을

전근대적인 '만병통치약'과 박래품(舶來品)인
Pain Killer가 공존했던 1900년대 약 광고

끓인 것에 불과하다. 그러니까 누군가 기절하면 그게 원인이 무엇인지 따져서 어떤 처방을 내려야 하는지 추론하는 게 아니라, 일단 따뜻한 물 먹이고 피가 잘 돌게 주물러 주는 게 전부였다는 말이다. 구체적인 약제가 거론되는 건 누군가의 - 보통은 중심 여성 인물의 - 아이를 낙태시키려는 목적으로 임부에게 해로운 약을 처방받을 때 정도가 고작이다.

다른 한편으로는 병리학으로 규정되는 명확한 병명이 일상화되지 않았다는 점도 생각해볼 수 있다. 당장 화병만 해도 심화병, 울화병, 심경병, 화증 등 다양한 표현이 존재했고, 그나마도 콜레라나 티푸스와 같은 고정된 병명으로 통용되는 것도 아니었다. 괴질(怪疾)이나 역병(疫病) 같은 명칭은 특정 감염병을 지칭한다기보다는 감염병 전반에 대한 호칭에 가까웠다. 예컨대 '신사년(辛巳年) 괴질'은 신사년에 대유행했던 콜레라를 지칭하는 것이지만, 그렇다고 '괴질=콜레라'는 아니었다는 이야기다. 일반인들이 의학에서 사용하는 구체적인 병명을 인지하고 대응하게 되는 것은, 신문과 같은 대중매체가 이러한 병명을 적극적으로 사용함으로써 그 존재를 널리 알리게 된 1920년대 이후는 되어야 가능했다.

당시 신소설 속 등장인물이 '아프다'는 것은 특별한 질병에 걸리거나 외상을 입었다는 의미보다는 고난의 상황에 처했다는 데 대한 은유에 가까웠다. 말하자면 신소설에서 '아프다'라는 말의 용법은 '병에 걸려서 아프다'라기보다는 '아프니까 청춘이다'에 근접했다는 뜻이다. 인물이 처한 외적 고난은 인물의 내면에 울화를 불러일으키고, 이 울화가 신체적 질병을 유발한다는 것이 신소설의 일반적인 발병의 서사이다. 이 서사를 가장 손쉽게 설명해줄 수 있는 질병이 바로 화병이었다. 이런 맥락에서는 등장인물이 정확하게 어떤 병을 앓고 있는지를 '진단'하는 것보다는, 어떤 이유에서 병이 들었으며 그로 인해 어떤 고통을 받고 있는지를 구체적으로 '진술'하는 것이 더 중요한 일이 된다. 비록 화병이라는 진단이 명시되지 않더라도 대체로 여러 신소설의 등장인물들이 유사한 기전과 증상을 보이는 것은 이러한 이유에서였으리라.

신소설에서 중요한 것은 사람들 사이에서 공유되는 감각은 마음속에 억울함이 쌓이면서 신체의 기능장애를 낳고, 그러한 기능장애가 누적되어 다시 마음의 질병의 형태로 표출된다는 인과관계 구조였다. 그것을 표현한 술어가 '화병'이었을 뿐, 화병 자체가 구체적인 병명으로서 특정한 질환에 대한 기표를 담당했던 것은 아니라는 말이다. 따라서 화병이라는 명칭에 대한

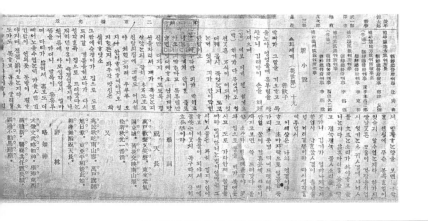

정절을 지키기 위해 자결을 결심하는 〈화세계〉의 여주인공 '수정'

병리학적 규정을 두지 않았을 뿐, '이러한 병이 있으며 이는 어떤 증상으로 연결된다'는 데 대한 인식의 공통분모는 뚜렷하게 존재했다.

신소설 속 여성들이 너나할 것 없이 화병의 자장 내에 있었던 것은, 달리 말하자면 이 병 외에는 여성인물들의 상황을 실감 있게 표현할 수단이 마땅치 않았다는 뜻으로도 해석될 것이다. 거꾸로 이야기하자면, 화병은 당시 독자 대중들에게 그만큼 익숙하고 보편화된 질병으로서 존재했다는 것이다. 그러하기에 굳이 '이것은 화병이다'라고 언명하지 않더라도 독자들은 그 병이 무엇인지 손쉽게 인지할 수 있었다. 소설 속 등장인물이 처한 상황을 독자에게 실감나게 전달하는 것, 그 목적을 위해 채택된 질병이 바로 화병이었던 셈이다.

그리고 이는 신소설 속의 여성인물들이 대체로 비슷한 상황에 놓이곤 했다는 뜻이기도 하다. 이들은 대체로 당시 사회가 요구하는 도덕적 가치관을 충실하게 내면화한 상태다. 예컨대 정절(情節)이라고 하면, 신소설에서 중심이 되는 여성인물은 어떠한 상황에서도 자신의 본부(本夫)에 대한 믿음을 놓지 않는다. 남편이 행방불명이 되었든, 개가를 요구하는 남자가 사회적·경제적으로 얼마나 성공한 사람이든 일말의 흔들림도 없다. 예컨대 이해조의「화세계」(1910)의 중심인물 '수정'은 부모가 점지해 준 정혼 상대인 구 참령(參領)에 대한 정절을 끝까지 지킨다. 사실 이 구 참령은 그저 순간적인 욕심 때문에 수정을 첩으로 들이고자 했을 뿐이고, 정혼 약속조차 지키지 않은 채 잠적해 버리지만, 수정은 한번 맺은 약속이기에 어길 수 없다는 태도를 고수한다. 심지어는 부모조차도 예비신랑이 나타나지 않는 마당에 무슨 수절이냐며 닦달하지만, 수정은 이 말조차 듣지 않고 마침내 구 참령을 찾아 가출까지 감행한다.

이처럼 굳건한 믿음을 가진 인물 앞에는 그 믿음을 뒤덮을 만큼의 거대한 고난이 닥친다. 신소설 속 여성인물들은 납치, 겁탈, 살해, 가정파탄 등 다양한 형태의 위기와 고난에 노출된다. 내면의 굳건한 도덕적 가치와 외부의 거대한 고난 사이에 놓인 여성인물은 결국 어디로 향하게 될까.

이들은 같은 신소설 속의 남성인물처럼 주어진 현실을 박차고 나갈 수도 없다.「혈의누」에서 옥련의 부친인 김관일은 전쟁 통에 부인과 딸을 잃어버린 후, 장인을 찾아가 문득 미국 유학의 포부를 밝힌다. 장인도 별다른 반발 없이 유학 비용을 대준다.「은세계」에서도 옥순·옥남 남매가 미국 유학을 하는 동안, 생모와 고향에 대한 그리움으로 잠 못 이루는 누이와 달리 남동생 옥남은 유학을 통해 성장하는 데 대한 포부만을 드러낼 뿐이다.

이해조의 「화의혈」에서 악역으로 등장하는 이시찰은 이보다 좀 더 흥미롭다. 자기 때문에 죽은 이들의 앙화를 받아 집안이 망하고 아들을 잃는 등의 고난 속에서 "가슴이 부집 죄이듯 바싹바싹 타들어 가는 차에 (…) 몸부림을 땅땅 하며 기가 컥컥 막히게 울"기도 하는 등 여성인물의 그것과 유사한 증상에 노출되면서도, 정작 화병에 직면하는 대신 "회심을 하기는 고사하고 종래 흰소리로 자기 조상 탓부터" 하는 식으로 발병을 회피 해버리고 만다.

물론 소설 내에서의 역할이나 사건의 전개에 의한 차이도 있겠지만, 신소설 속에서도 성별의 문제는 화병 기전에 대한 반응과도 적잖은 관계가 있었다. 당대 현실에서도 그러했겠지만, 신소설 속 여성인물이 주어진 고난으로부터 탈출할 수 있는 외부적 기제는 주어지지 않는다. 「혈의누」의 옥련처럼 일본-미국 유학이라도 떠나는 경우는 극히 예외적이었고, 대부분은 내면의 믿음과 외부의 고난 사이에서 이러지도 저러지도 못하는 상황에 놓인 채 사필귀정(事必歸正)을 학수고대할 뿐이다. 이 상황이 만들어내는 감정이란 결국 맺힘, 즉 '울화'로 이어질 밖에 없었다. 이들에게 화병이란 믿음의 증명이자 고난의 필연적 결과였다. 때로는 고난의 장을 회피해 버리거나 혹은 고난의 원인이 되는 도덕적 가치를 방기함으로써 맺힘의 과정을 피해갈 수 있었던 남성인물들과는 달리, 신소설의 여성인물들 앞에는 오로지 하나의 길만이 놓여 있을 뿐이었다.

그들은 과연 어떻게 치유되었을까?

그렇다면 이 화병은 어떻게 치료되었을까. 보통은 병을 만들어낸 원인이 해결되는 순간 치료된다. 즉, 소설 속 등장인물이 처한 고난이 해소되고 행복한 결말이 도래함으로써 화병은 가라앉는다. 애초에 고난이 병인(病因)이었으니 병인을 제거하면 병도 해소된다는 게 신소설이 보여주는 질병에 대한 상상력이었다.

다시 이인직의 「은세계」로 돌아가 보자. 아들인 옥남을 낳은 직후 실성한 본평댁은, 이후 이런저런 처방을 받지만 아무런 차도를 보이지 않는다. 「은세계」에서 본평댁의 병을 다스리기 위해 등장하는 약재만 해도 당귀(當歸), 천궁(川芎), 숙지황(熟地黃), 백작약(白芍藥), 원지(遠志), 백복신(白茯神), 석창포(石菖蒲) 등 다양하지만, 이들 약재가 어떤 효능을 통해서 병을 다스리는지는 설명되지 않는다. 다만 '청심보혈(淸心補血)', 즉 마음을 맑게 하고 혈기를 보충한다는 언급만 있을 뿐이다. "병이 들기는 쉬우나 낫기는 어려운 것"이라는 작가의 주석과 함께.

최찬식의 『안의성』 단행본 표지 (1938년본)

그러나 이 고치기 어렵다는 병은, 훗날 장성한 아들이 돌아와서 "지금은 백성의 재물 뺏어 먹을 사람도 없고 무리한 백성을 죽일 사람도 없는 세상이요."라고 말해주는 순간 제정신으로 돌아오는 것으로 한순간에 치유된다. 자기 남편을 억울하게 죽게 만든 강원감사가 처단 당함으로써 본평댁의 울화가 해소되는 까닭이다. 누군가 자신을 대신하여 원수를 갚아준다는 것, 이만큼 화병의 치료에 확실한 방법도 없다. 다만 그 일을 '하늘'이 해주거나 개인이 직접 나서는 게 아니라, '국가'가 해 주었다는 것이 「은세계」의 특징이다. 옥남의 입을 통해 언급되는 "한국대개혁"이 고종의 강제 퇴위를 지칭한다는 아이러니는 차치하고서라도 말이다.

이러한 치료법은 다른 신소설에서도 비슷하게 나타난다. 「안의성」의 정애는 남편에 대한 그리움과 시모에 대한 억울함으로 인해 화병을 앓다가 실성하기조차 하는데, 소설 막바지에서 남편과 재회하자 "그 남편의 음성을 듣고 그 남편의 용모를 보매 신경의 감각기(感覺器)가 즉시 회복되어" 급작스럽게 제정신을 회복한다. 이 과정을 '신경', '감각기' 등의 병리학적 용어로 설명하려고 했다는 점만 제외하면 그 방식은 「은세계」의 그것과 별반 다를 게 없다.

다소 특이한 경우도 있다. 《황성신문》에 연재되었던 「몽조」(1907)나 재일 조선유학생들의 잡지 『학계보』에 실린 「인생의 한」(1912)에서는 역시 남편을 잃고 울화를 품게 된 부인들이 등장한다. 하지만 이들은 앞서 거론한 신소설에서처럼 본격적인 발병을 겪지는 않는다. 대신 자신의 억울함을 들어주는 조력자를 만나서 마음속에 품은 '한'을 풀어냄으로써 회복의 희망을 발견한다. 그리고 이러한 회복의 중심에는 기독교에의 의지, 즉 '신앙'이 자리 잡고 있다는 점이 강조된다. 울화의 원인이 되는 요소를 제거하여 직접적인 치료를 꾀하는 대신, 대화를 통해 울화를 우회적으로 해소하고 마음을 치유할 만한 의탁처로서 종교를 제시하는 방식이었다.

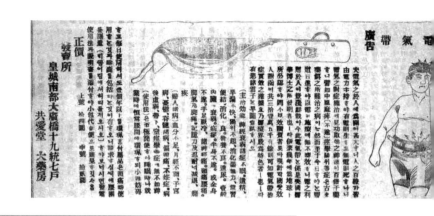

"정신질환에도 효능이 있다는 전기 허리띠 광고. 화병에 대한 이해는
서구 의료의 도입과 함께 점차 병리학적인 것으로 바뀌고 있었다."

이처럼 여러 신소설에서 폭넓게 등장했던 화병은, 1910년대 중·후반 무렵의 소설에서는 점차 자취를 감추기 시작한다. 그러나 이것이 문학 내에서 화병이 소멸되었음을 뜻하는 바는 아니었다. 현대 한의학과 정신의학에서도 여전히 화병은 중요한 임상연구 대상으로 남아있는 것처럼, 1910년대 중반 무렵의 문학 속에서 화병은 사라진 것이 아니라 다만 '재배치'되었을 뿐이었다. 서구적인 의학과 의료 제도의 도입, 그리고 식민 통치 체제에 의한 의료의 재구성이라는 격변 속에서 화병은 근대적인 이름표를 단 채 자신의 새로운 자리를 찾아내고 있었다. 문학이 화병에게 부여한 새로운 이름표 중 가장 눈에 띄는 것은, 공교롭게도 일본으로부터 유입된 번안소설 속에서 출현하고 있었다.

3

욕망에 눈을 뜬 여성과 '신경쇠약'

— 번안된 화병

다이아몬드가 낳은 병, 신경쇠약

"김중배의 다이아몬드가 그렇게 좋더냐?"

문학, 혹은 문학사라는 것에 크게 관심이 없는 사람이라도 한 번쯤은 들어봤을 법한 대사다. 우리에게 〈이수일과 심순애〉라는 제목으로 널리 알려져 있는, 영화 혹은 연극, 아니면 소설의 간판이 되는 대사다. '김중배의 다이아몬드'(부)에 홀려서 원래의 언약자인 이수일을 버리고 떠났으나, 뒤늦게 양심의 가책을 느끼고 돌아온 심순애. 하지만 이수일은 이미 마음이 꽁꽁 얼어붙은 상태인지라 차갑게 거절하고 만다. 이것이 대체로 알려진 〈이수일과 심순애〉의 스토리다.

과연 그 뒤에 두 사람은 어떻게 되었을까. 이 이야기 속에도 빠질 수 없는 요소가 하나 있다. 바로 '병'이다. 그것도 마음의 병, 특히 우리가 주목하고 있는 '화병'이 그것이다. 얼핏 이 작품은 이수일과 심순애 두 사람의 사랑과 배신, 그리고 용서의 이야기인 것으로만 보인다. 하지만 그 속에는, 비록 화병임을 직접적으로 드러내지는 않았으나, 새로운 시대에 맞는 새로운 '이름표'를 단 화병이 중요한 매개체로 작동하고 있었다.

〈이수일과 심순애〉의 원래 제목은 「장한몽(長恨夢)」이다. 제목만 보면 무슨 꿈 이야기 같지만, 사실 '장한몽'의 뜻은 "깊이 사무쳐 오래 잊을 수 없는 마음"이다. 누가 누구에게 깊이 사무쳤다는 것일까. 아마도 이수일에 대한 심순애의 사랑이 아닐까. 적어도 「장한몽」의 내용만을 바탕으로 본다면 그럴 듯하다.

「장한몽」은 번안소설이다. 원작은 일본 소설 「금색야차(金色夜叉)」. 그런데 이것조차도 영국의 여류작가인 버서 클레이(Bertha M. Clay)의 「여자보다 약한(Weaker than a woman)」을 각색한 작품이니 「장한몽」은 번안의 번안작이라고나 할 수 있다. 다만 「금색야차」는 작가인 오자키 고요가 연재 도중 사망하는 바람에 미완으로 끝을 맺었는데, 「장한몽」을 지은 조중환은 여기에 결말 부분을 새롭게 덧붙여서 완성작으로 만들었다. 이 「장한몽」의 결말은 결국 심순애의 배신을 이수일이 용서하고 두 사람이 화목한 가정을 꾸리는 것으로 나온다.

조중환의 『장한몽』 단행본 표지. 상·하권으로 나뉘어 있다

물론 이수일이 심순애를 간단하게 용서해주는 것은 아니다. 이수일에게 용서받기 위해서, 심순애는 죽음의 문턱까지 다녀와야 했으니 말이다. 그렇다고 심순애가 이수일 앞에서 자신을 자책하면서 칼로 자결을 시도했다든가, 자신의 굳건한 마음을 증명하기 위해 절벽에서 뛰어내리기라도 했다든가 한 것은 아니다. 신소설이나 고전소설 속의 여성인물들은 종종 저런 극단적인 방식으로 자신의 신념 - 보통은 '정절' - 을 증명하려고 하기도 했지만, 「장한몽」의 심순애는 그 정도까지 강단이 있는 인물은 아니었다. 심순애의 증명법은, 죽음에까지 이를 수 있는 '중병'을 앓는 것이었다.

욕망을 좇는 여성은 질병을 만난다

1910년대 중반 무렵, 당시 한반도 내에서 가장 많은 판매부수를 자랑하던 일간지 《매일신보》는 매일같이 소설을 연재하였다. 합병 직후인 1910년 10월부터 소설 연재란이 생겼고, 여기에 꾸준히 소설을 연재하던 이는 원래 이해조(李海朝)였다. 「자유종」, 「구마검」 등으로 합병 이전부터 이인직과 어깨를 나란

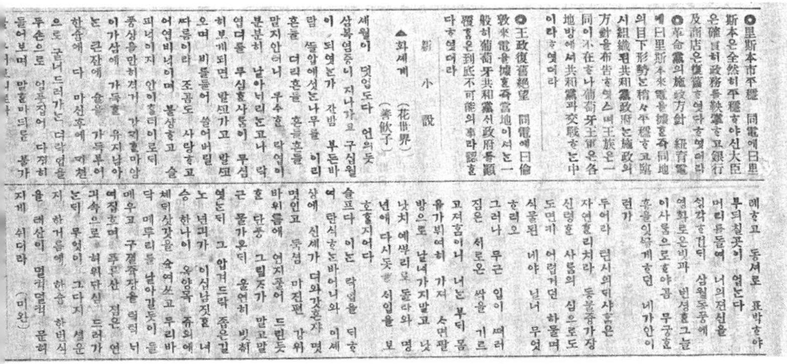

《매일신보》의 첫 연재소설, 이해조의 『화세계』 1회

히 했던 그 신소설 작가 이해조다. 그는 「화세계」를 시작으로 거의 하루도 빠짐없이 《매일신보》에 소설을 연재해 나갔다.

그런데 이런 《매일신보》에 1912년 7월, 뭔가 '새로운' 게 등장한다. 일본에서 "낙양의 종이 값을 오르게 할 정도로"(《매일신보》 1912년 7월 10일자 광고) 흥행했던 소설을 가져다가 등장인물의 이름이나 소설의 배경 등을 독자에게 익숙한 것으로 바꾸어 연재하겠다는 것이었다. 당시 광고에는 번역자는 밝혀지지 않았고, 원저가 「나의 죄(己之罪)」라는 것만 명시되었다. 번안을 거쳐서 연재될 소설의 제목은 「쌍옥루」. 번안자는 조중환으로, 1912년 당시 단성사(團成社)에서 조직한 극단 혁신선미단(革新鮮美團)에서 신연극으로 활동했다는 기록은 있지만(《매일신보》 1912년 2월 22일자) 『매일신보』 지면에서는 아직 그리 익숙한 이름은 아니었다.

이렇게 등장한 「쌍옥루」는 공전의 히트를 기록했다. 소설로서의 인기는 물론이려니와, 훗날 연극으로 상연되었을 때에도 극장은 인산인해를 이루었다. 반면 왕년의 스타 이인직을 기용하여 그의 대표작 「혈의누」에 대한 속편을 보여주겠다며 시작했던 「모란봉」은 기대와는 달리 별다른 호응을 받지 못했다. 「모란봉」은 연재 중단 이후 이상협의 「눈물」에게 그 자리를 내

주었고, 이인직은 그 뒤로 《매일신보》에 전혀 모습을 드러내지 않는다. 이해조는 그 뒤로도 명맥을 유지하기는 했지만, 「쌍옥루」의 뒤를 이어 새로운 번안작을 내놓은 조중환을 따라잡을 수는 없었다. 이해조의 「우중행인」 이후 등장한 조중환의 신작 번안소설, 그것이 바로 「장한몽」이다. 이 역시 공전의 히트를 기록했음은 물론이다.

번안소설의 인기 요인에는 여러 가지가 있겠지만, 이 글에서는 그 중 '여성인물의 새로움'이라는 관점에서 들여다보고자 한다. 신소설에서 주인공 격인 여성인물들은 어떤 고난이 닥쳐도 흔들림이 없는 내면의 소유자들이었다. 예컨대 한번 정절을 지키겠다고 다짐하면 목에 칼이 들어와도 눈 하나 깜짝하지 않았고, 심지어는 정절을 지키기 위해 자살을 기도하는 경우도 흔했다. 어떠한 고난이든 마지막까지 버텨내서 최종적으로는 행복을 획득하는 것이 신소설 속 여성인물들의 일반적인 패턴이었다.

하지만 번안소설에서는 상황이 사뭇 달라진다. 「장한몽」의 심순애는 속된 말로 '지 이쁜 거 아는 여자'다. 거울 속에 비친 자신의 미모에 감탄하면서, 자기도 남들처럼 화려하게 꾸미고 싶다는 욕망에 빠진다. 여기서 등장하는 게 김중배다. 김중배는 부자이자 유학생 사이에서도 유명한 '신사'다. 사람들은 흔히 김

신식 학생 복장의 이수일과 심순애
《매일신보》 연재분 삽화

중배를 악역이라고 여기지만, 원래 「장한몽」에서 묘사된 김중배는 오히려 이수일보다도 매력적인 남성이다. 심순애는 이러한 김중배에게 끌리고, 심순애의 부모 역시 기존의 정혼자인 이수일 대신 심순애와 김중배의 결혼을 적극 추진한다. 그녀의 부친인 심택은 이수일을 불러서 일본 유학을 제안하면서 회유를 시도하지만, 약속을 어긴 데 대한 분노를 느낀 이수일은 이를 차갑게 거절하고 떠나 버린다.

번안소설 속 여성인물들은 자신의 욕망에 눈을 뜨기 시작했다. 신소설의 여성인물들이 도덕적 가치를 굳건하게 고수하는 것과 달리, 번안소설의 여성인물들은 자신의 욕망을 좇아 이러한 도덕적 가치를 외면하기도 한다. 「쌍옥루」의 이경자는 그래서 미혼모가 되고, 그나마 그 자식마저도 본의 아니게 버린 뒤에 이러한 사실 모두를 숨기고서 정욱조와 결혼한다. 「장한몽」의 심순애는 김중배의 재력을 보고 이수일을 등지지만, 막상 결혼한 뒤에는 이수일을 마음의 정혼자로 여기고 김중배와의 동침을 거부한다. 이처럼 욕망을 좇아서 기존의 신소설과는 색다른 행보를 보이는 여성인물들은, 또한 하나같이 그 대가로 파국을 경험하게 된다.

신소설의 여성인물은 고난은 겪더라도 그 자신의 잘못 때문은 아니었다. 잘못을 저질러서 고난에 봉착한 게 아니라, 오히려 자신의 도덕적 가치를 고수한 대가로 고난을 치르는 식이었다. 이는 신소설이 합병 이전, 즉 대한제국기나 조선시대를 주로 배경으로 삼았던 것과도 무관하지 않다. 합병 이전의 시대는 모든 것이 혼란스러웠기에, 아무리 개인이 굳건한 신념을 품고 올곧게 살고자 하여도 세상이 이를 용인하지 않았다. 신소설의 여성인물이 제아무리 절개를 지키고자 해도 납치, 강간, 협박, 살인 등의 각종 강력 범죄에 노출될 수밖에 없었던 것은, 그만큼 '어지러웠던 시대였기 때문'이라는 게 신소설의 설명 방식이다. 초창기 《매일신보》의 '소설 기자'였던 이해조가 특히 이런 화법을 즐겨 썼다. 이것은 같은 시기 조선총독부가 위임통치를 정당화하기 위해 내세웠던 담론과 조응하는 것이기도 했다.

그러나 합병 이후의 시대, 즉 일본제국의 일부가 된 1910년대는 그러한 '난세(亂世)'와는 거리가 멀었다. 아니, 실상이 얼마나 달랐는가의 여부와 별개로, 사회적으로는 질서가 잡힌 것으로 간주되어야만 했다. 일본제국이 조선에 치세(治世)를 가져다주었으므로, 합병과 더불어 조선은 '낙토(樂土)'가 되었다는 논리였다. 이런 시대에 올곧은 신념을 품은 여성을 맘대로 납치하거나 강간하는 일이 벌어진다는 것은 앞뒤가 맞지 않는다. 그래

연해주를 배경으로 삼았던 이해조의 소설 『소학령』

서 신소설은 1910년 이후에도 주구장창 대한제국기를 환기하거나, 혹은 멕시코나 연해주와 같은 제국 바깥의 공간을 호출할 수밖에 없었던 것이다.

번안소설이 새로운 활로를 확보한 것은 이 부분에서였다. 정치가 올바로 시행되고 치안이 제대로 잡힌 시대에 인물이 고난을 겪으려면 어떻게 해야 할까. 세상을 바꿀 수 없다면 인물을 바꾸면 된다. 올곧은 신념 때문에 시대 환경의 고초를 겪는 인물 대신 흔들리는 욕망을 지닌 인물을 내세우면 된다. 정욕이든, 육욕이든, 재물욕이든 욕망을 채우기 위해 도덕률을 거스르는 여성을 내세우고, 이 여성이 자신의 욕망으로 인해 고난을 겪다가 마지막에 회개함으로써 행복을 되찾는다는 서사를 제시하는 것이다. 「쌍옥루」와 「장한몽」의 새로움은 거기에 있었다. 그런데 신소설과 번안소설의 사이, 신념과 욕망의 사이, 외부로부터의 고난과 내면으로 인한 고난의 사이 차이를 넘어 서로 관통했던 요소가 바로 화병이다. 그 진단과 처방, 명명법 등은 서로 사뭇 다르기는 했지만 말이다.

왜 하필 신경쇠약이었을까?

한국문학사에서 「쌍옥루」의 이경자는 '정신질환'을 진단 받은 최초의 소설 속 여성이다. 적어도 《매일신보》에서 연재되던 소설의 시점에서는 그렇다. 같은 시기 이해조나 최찬식의 신소설에서는 여전히 '화병'을 앓는 여성들이 등장하고 있었다. 이들이 보통 별다른 진단이나 치료 과정을 거치지 않고 발병과 회복의 서사를 헤쳐 나가고 있던 것과 달리, 「쌍옥루」의 이경자에게는 의사가 구체적인 진단과 처방을 내린다.

> 내가 지금 진찰하여본 걸로 말씀하면, 해산 전부터 벌써 '히스테리'라는 병이 있었는데, 여러 가지 근심으로 마음을 수고로이 하여 '히스테리'가 변하여 지금은 우울증(憂鬱症)이라는 병이 되었는데, 이 우울증이라 하는 병은 극히 경한 정신병이라 하여도 가한 것이라. 무슨 일이던지 한번 단단히 마음을 충동하여 놓으면 그로부터 미친 증세가 생기는 법이오. 그러나 따님의 병환으로 말하면 증세는 벌써 우울증이 지나서 정신병이 되려 하는데, 별안간에 당신을 보고 마음을 격동하여놔서 홀연 정신착란이 되어서 정신병이 되었으나 극히 경한 증세니까 염려는 되지 아니

쌍옥루 연극장의
리경자가 산후에 밋친 모양

연극 〈쌍옥루〉에서 이경자가 히스테리를 앓는 장면

하오. 치료만 잘 하면 곧 쾌복이 되지요. 지금부터 병만 더하지 아니하도록 조섭시키는 것이 제일 필요하고, 첫째는 병자의 마음을 요동치 아니하게 하시오. 그리고 고요한 방에서 조용히 있으면 자연 정신이 회복되고 병도 감세가 있을 터이니, 조금만 감세가 되거든 기후 좋고 한적한 곳으로 피접 가서 치료하는 것이 좋을 듯하오. 이 병은 급히 치료하려 하면 아니 될 터이니 천천히 쾌복하기를 바라시지요. (상편 48회)

당시 소설에서 의사가 등장하여 진단과 처방에 관한 이야기를 이렇게 길게, 그리고 상세하게 한 것은 이 「쌍옥루」 상편 48회분이 최초이다. 의사의 말을 정리하면, 일단 이경자의 증세는 출산 후유증에 기존의 '히스테리'가 더해져서 우울증으로 발전된 것이며, 여기서 과도한 신경의 자극을 받으면 착란 증상과 더불어 정신병까지 발병할 수 있다. 오늘날로 치자면 일종의 산후 우울증에 빠진 셈인데, 단지 출산만이 문제가 아니라 그 이전부터 있었던 '여러 가지 근심'이 일으킨 히스테리가 복합적으로 작용하여 이런 산후 우울증을 겪고 있다는 것이다.

그렇다면 '여러 가지 근심'이란 무엇일까. 「쌍옥루」에서 이경자는 의대생 서병삼과 연애를 하다가 아이를 갖게 된다. 하지만 서병삼은 이런 이경자를 버렸고, 이경자는 서병삼에게 배신당했다는 울분과 더불어 사생아를 갖게 된 데 대한 죄책감에 사로잡히게 된다. 서병삼을 쫓아가서 자신을 책임지라고 할 수도 없고, 부모에게 사실을 털어놓고 도움을 요청할 수도 없는 상황에서 이경자가 도달할 수 있는 지점은 오로지 '발병'뿐이다.

흥미로운 점은 이경자의 '히스테리'가 보여주는 발병의 기전이 같은 시기 신소설에서 흔히 볼 수 있었던 화병의 그것과 매우 유사하다는 점이다. 신소설 편에서 거론했던 「은세계」를 다시 떠올려 보자. 본평댁은 남편의 죽음에 따른 절망감과 어린 자녀의 양육에 대한 책임감 사이에서 이러지도 저러지도 못하는 상황에 처한다. 그 과정에서 쌓인 마음의 응어리는 결국 유복자인 옥남을 출산하다가 실진(失眞), 즉 정신질환이 발병하는 형태로 터져나오고, 훗날 장성한 옥남이 "한국 대개혁"을 거론하며 아비의 복수가 이루어졌음을 선언할 때까지 치유되지 못한다.

「쌍옥루」의 이경자도 마찬가지다. 울분과 죄책감 사이에서 어떤 행동도 선택할 수 없는 그녀의 처지는 필연적으로 마음의 병으로 이어진다. '신경과민', '신경쇠약', '히스테리', '우울증' 등 이경자의 증상을 표현하는 용어들은 많지만, 이들은 공통적으로 울분과 죄책감을 숨긴 채 살아야만 하는 이경자의 처지에서 비롯된다는 점에서 동일한 질환으로 읽힌다.

이경자는 사생아 출산 직후의 우울증을 간신히 이겨내지만, 이후 정욱조와 결혼하여 아들을 낳는 과정에서 이 병은 한층 악화된 상태로 재발한다. 이전의 히스테리에 더하여 사생아를 버렸다는 자책과 정욱조를 속이고 결혼했다는 죄의식 등이 더해져서 악몽과 착란에 시달리는 상태가 되고 만다. 5년 전에 유기한 사생아를 생각하면서 "언제든지 무죄한 어린 아이를 버림으로 하여 그 죄악의 갚음이 돌아올 날이 있으면, 부모와 자식 세 사람이 한가지로 비참한 운명에 빠질는지도"(중편 29회) 모른다는 죄의식과 슬픔에 몸부림을 치지만, 그렇다고 정욱조에게 사실대로 고백하고 사생아를 되찾아오는 것도 불가능하다. 그리했다가는 지금의 가정을 지킬 수 없을 것이기 때문이다. 지금의 아이를 지키자니 이전에 낳은 아이에 대한 죄책감을 떨칠 수 없고, 그 죄책감을 씻어내려니 지금의 가정을 잃을지도 모른다는 딜레마는 이경자의 마음을 더욱 병들게 만든다.

이 '히스테리'가 치유되는 과정 역시 신소설의 그것과 크게 다르지 않다. 위에서 의사는 신경을 자극하지 않도록 요양하면서 안정을 취하는 것이 필요하다는 처방을 내렸지만, 요양과 안정은 이경자를 치유하지 못한다. 이경자가 히스테리로부터 해방되는 것은, 정욱조에게 모든 사실을 고백함으로써이다. 물론 이렇게 되기까지는 정욱조와의 사이에서 낳은 아들을 병으로 잃었기에 더 이상 지킬 것조차 없어진 막다른 상황으로까지 내몰려야 했다. 어찌됐든 고백의 결과로 이경자와 정욱조는 이혼하고, 이경자는 간호사가 되어 평생 봉사하는 것으로 속죄하면서 살겠다고 결심한다.

「장한몽」의 경우는 어떨까. 앞서 말했듯이 심순애는 원래 정혼자였던 이수일 대신 김중배를 택했다. 부모가 억지로 등을 떠민 것도, 김중배가 강제로 끌고 간 것도 아니다. 심순애의 욕망은 김중배의 외모와 재력에 기울어져 있었다. 하지만 심순애는 그렇다고 이수일을 냉정하게 쳐내지도 못했기에, 결과적으로 김중배와의 결혼 생활은 순탄하게 흘러가지 못한다. 심순애는 비록 결혼은 김중배와 했을지라도 자기 마음속의 남편은 이수일이라고 생각하며 김중배와의 동침을 거부했고, 김중배는 결국 최만경과 바람을 피우게 된다. 이렇게 두 사람은 파국을 맞는다.

이수일을 저버린 데 대한 후회, 김중배와의 파경이 낳은 상처 등으로 인해 결국 심순애는 정신질환을 앓게 된다. 이 대목은 「장한몽」에서 아예 '성광(成狂)'이라는 소제목을 달고서 연재되었는데, 말 그대로 '미쳤다'는 뜻이다. 여기서 거론되는 구체적인 병명은 '급성 멜랑콜리아.' 말하자면 급성우울증이다. 「쌍옥루」의 이경자와 마찬가지로, 심순애 역시 이러한 진단은 서술자가 아니라 작중의 의사를 통해서 받게 된다.

이경자가 한국문학사상 최초로 의사를 통해 정신질환을 진단받은 여성이라면, 심순애는 최초로 정신질환 때문에 격리병동에 수용된 여성이다. 심순애가 들어간 곳은 총독부병원 정신병환자실. 《매일신보》 기사 중에서도 '동(東)8호 병실'이라는 이름으로 종종 등장하던 곳이다. 이곳에 입원한 심순애는 부모의 지극한 간호에도 불구하고 점차 중증으로 치닫는다.

> 홀연 기운이 오르면 얼굴은 술에 취한 사람과 같이 붉어지며, 다만 입으로 부르는 말은 수일의 이름이라. 처음에 병원으로 입원할 때에는 의사의 말이 3~4개월만 치료하면 쾌히 나으리라 하더니 날이 갈수록 점점 더하여 몸은 더욱 쇠약하여가고, 증세는 만성으로 향하여 때때로 기운을 수습하지 못하고 혼미하여 자리에 몸을 버렸다가, 증세가 발작하는 때는 얼굴에는 무슨 두려운 물건이 음습하여 오는 듯이 겁내는 모양이 보이며, 몸을 주체하지 못하여 흐트러진 머리를 두 손으로 잡아뜯으며 부르짖으

심순애가 입원했던 총독부의원 전경(1925년)
(ⓒ서울역사박물관, https://museum.seoul.go.kr/archive/archiveView.do?arcvMetaSeq=26003 &arcvNo=75589)

며 우는 모양은 사람의 눈으로는 차마 보지 못할지라. (《성광》1, 1913년 9월 19일자 연재분)

심순애가 앓는 질환의 핵심 원인은 이수일이다. 이수일에게 꾸지람을 듣는 두려움, 이수일을 다시 만나고픈 그리움, 이수일을 저버린 데 대한 미안함, 이런 감정들이 쌓여서 질환을 유발한다. 의사의 처방이나 부모의 간호는 아무런 효과를 발휘하지 않는다. 그녀에게 필요한 것은 오직 이수일의 '용서'뿐이다.

이후로 수많은 난맥상이 있기는 하지만, 결과적으로 이수일은 심순애를 '용서'한다. 이경자가 욕망에서 비롯된 자신의 '죄'를 정욱조에게 고백함으로써 치유를 얻은 것처럼, 심순애는 욕망이 일으킨 자신의 '죄'를 이수일에게 용서받음으로써 치유된다. 물론 이 과정은 순순히 진행되지는 않는다. "김중배에게로 시집갔던 순애는 이미 죽어 없어지고 지금 여기 나와 한가지로 있는 순애는 다시 부활"한 것이라는 이수일의 말처럼, 심순애는 목숨까지 위협받는 수준의 중증의 병으로 진행되어 앓을 만큼 앓은 후에야 속죄를 받는다. 마치 죄를 지은 사람이 일정한 형벌을 받아야만 석방되는 것처럼 말이다. 다만 이 죄는 '범죄'가 아니었기에, 「장한몽」은 심순애를 물리적 감옥에 가두는 대신 정신질환이라는 마음의 감옥에 가두어 일정한 '형기'를 치른 뒤에야 풀려나게 했을 따름이다.

번안된 소설, 번안된 질병

1910년대는 물론 1920~30년대까지도, 이와 같은 증상 내지는 질환을 지칭하는 단어는 단일하지 않았다. 혹자는 '히스테리'라고도 했고, 혹자는 '멜랑콜리아'라고도 했다. 하지만 이 중 가장 많이 쓰인 것은 단연 '신경쇠약(神經衰弱)'이었다.

원래 신경쇠약은 신경의 과도한 작용으로 인해 오는 과민증상 내지는 신경병(神經病)의 일종으로, 보통은 근대 문명 사회가 가져다주는 과도한 감각의 자극으로 인해 유발된다고 이해하였다. 그래서 이는 종종 '문명병(文明病)'으로 불리기도 했다. 일본의 나쓰메 소세키를 비롯한 적지 않은 작가들이 이러한 관점에서 신경쇠약을 작품 내에서 표현했고, 이는 최남선이나 이광수, 나아가서는 박태원 등의 한국 작가들에게도 적잖은 영향을 끼쳤다.

하지만 대중적으로는 문명병보다는 '부인병'의 일환으로 해석되는 경향이 강했다. 과도한 신경의 자극이 원인이라는 해석은 마찬가지였지만, 발병 요인은 시부모와의 갈등, 여성의 인내를 최고선으로 여기는 문화 등 오히려 문명보다는 전통적 요소에 의한 것들이었다. 정자영(鄭子英)이라는 의사가 《시대일보》에 기고한 글에서는 조선의 부인들이 많이 앓는 병으로 '자궁병', '위병'과 함께 '신경쇠약'을 거론하고 있는데, 흥미로운 것은 이 신경쇠약이 독립된 질병이 아니라 위병·자궁병과 함께 오는 것이며, 그 원인을 시집살이와 같은 조선 특유의 환경에서 찾고 있다는 사실이다.

> 사실 우리 조선 부인 치고는 자궁병이나 위병은 대개 없는 분이 없을 만큼 많습니다. 그런데 위병이나 자궁병에는 신경쇠약증이 늘 따라다니는 까닭에 조선 여자에게는 화병이라는 것도 많습니다."(《시대일보》 1924년 4월 2일자)

신경쇠약이든 히스테리든 우울증(또는 '우울병')이든, 이들 질환은 대체로 부인에게서 자주 발생하는 것으로 이해되었고, 그 연장선상에는 보통 '화병'이 놓여 있었다. 신경쇠약은 화병을 설명하기 위한 의학적 개념이자 박래품(舶來品)으로써, 정신질환과 관련된 각종 보도는 물론 수많은 의약광고에서도 폭넓게 활용되었다. 예컨대 제생당약방이 1900년대 말에 발매했던 장양복원단이나 삼용대보원 등은 오늘날로 치자면 피로회복제 내지는 자양강장제와 같은 성격의 약으로 신문 등을 통해 폭넓게 광고했는데, 그 광고 문구에 기록된 효능 중에는 수족냉증이나 빈혈증, 소화불량과 더불어 '신경쇠약'이 거론되었다. 신경쇠약이 구체적으로 어떤 증상의 질환을 가리키는지 설명은 없었지만, 이는 위병이나 자궁병과 같은 신체적 질환과 연계되어 있었으며, 이러한 접근법은 화병에 대한 이해와도 맥락을 공유하는 바였다.

말하자면 신경쇠약은 화병을 근대적으로 해석하고 재배치하기 위한 용어에 가까웠다. 대한제국기의《황성신문》이나《대한매일신보》, 혹은 일제시대의《매일신보》 정도를 통해서 질환의 정보를 습득할 수 있었던 수준의 일반인들에게는, 신경쇠약이란 '정확히 지칭할 수는 없으나 정신적으로나 육체적으로 뭔가 결핍된 상태'를 일컫는 정도로 이해되었던 듯하다. 별다른 이유도 없이 무기력하거나, 가벼운 우울증 증상을 보이거나, 다소 과민한 상태에 놓여 있거나, 딱히 병에 걸렸다고 할 수는 없지만 그렇다고 건강을 확신할 수도 없는 정신적·육체적 상태에 조응하는 단어 중 하나가 바로 신경쇠약이었다. 약 광고에서의 신경쇠약이 혈기 부족이나 불면증, 두통, 수족냉증 등과 함

초창기 여성의사 중 한 명으로 유명했던 정자영(鄭子英)

께 거론되었던 것만 보더라도 그렇다.

이러한 신경쇠약의 모호함은 다양한 '번안'을 가능하게 했다. 문명병이자 지식인병으로서의 신경쇠약이 일종의 박래품이라면, 부인병으로서의 신경쇠약은 말하자면 조선에서의 번안물이었던 셈이다. 기존에 화병, 화중, 심화병, 심경병 등 '화(火)'와 같은 어휘를 통해 질환을 설명하던 신경쇠약, 히스테리, 멜랑콜리아 등과 같은 박래품을 만나면서 일정한 변화를 겪게 되었다. 그리고 그 중심에는 '신경'이라는 새로운 의학적 개념이 자리 잡고 있었다.

이는 마음(心)과 심장이 긴밀하게 연결된 것으로 보고, 인간의 정신 활동이 심장에서 비롯된다고 판단했던 종전의 심주설(心柱說)과, '뇌'와 '신경'이라는 별도의 장기가 정신을 주관한다고 보았던 뇌주설(腦柱說)의 차이와도 관계가 깊다. 전자가 조선의 전통적인 관념이라면 후자는 기독교적 사고 체계를 가진 서구에서 비롯된 것이다.(이영아, 55쪽) 후자에 기반을 둔 근대의학의 지식과 만나면서, '신경'은 '심장'을 대신해서 정신을 주도하는 기관으로 자리매김했고, 심장 즉 '가슴'과 관련된 다양한 증상을 동반하던 화병과 같은 질환도 이 신경을 중심으로 재배치되었다. 그 결과물 중 하나가 화병을 신경쇠약으로 '번안'하는 방식이다.

신경이라는 새로운 개념을 접한 화병은 신경쇠약과 같은 새로운 단어들을 사용하면서 기존과는 다른 맥락을 조금씩 형성해 나갔다. 울화가 몸과 마음의 병을 낳기에 신체 증상과 동반하는 것으로 이해되었던 화병은, 신경쇠약의 맥락에서는 과도한 자극으로 인해 소모된 신경이 육체까지도 소모시킨다는 형태로 재배치되었다. 이제 소설 속에서 화병을 앓는 여성은 가슴을 땅땅 두드리거나 피를 토하는 대신, 병상에 누워서 파리한 모습으로 죽어가거나 착란 속에서 누군가의 이름을 외치는 식으로 묘사된다.

이처럼 '번안된' 신경쇠약이 「쌍옥루」나 「장한몽」 같은 '번안소설'에서 본격적으로 등장했다는 것, 이는 질병을 둘러싼 사람들의 인식 또한 외래적인 것, 혹은 '근대적인' 것과의 접촉을 통해 적잖은 번안의 과정을 거쳤음을 뜻하는 것은 아닐까.

이후로도 소설이 번안의 단계를 넘어서 다시 '예술로서의 문학'이라는 독자적인 지위를 확보하기 위해 새로운 변화를 겪었던 것처럼, 신경쇠약 또한 '예술'과 접목하여 새로운 맥락을 형성하는 방향으로 변화해 나가게 된다. 고난을 받는 여성이 그 고난의 징표로서 화병을 앓는 게 아니라, 예술가임을 선언한 남성이 자신의 예술적 감수성을 증명하기 위한 징표로서 화병을 '선택'하는 시대가 다가오고 있었다.

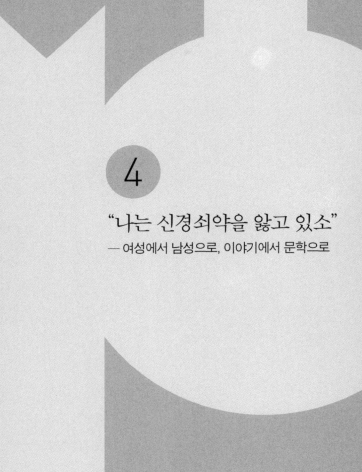

4

"나는 신경쇠약을 앓고 있소"
— 여성에서 남성으로, 이야기에서 문학으로

누군가에게는 중2병, 누군가에게는 신경쇠약

"내 안의 흑염룡이 날뛰고 있어."

아마도 저 문장을 보고 피식, 할 수 있는 사람이라면 비교적 젊은 세대에 속하는 사람이겠지만, 저 문장이 나타내는 '질병'을 거론하면 거의 대부분은 고개를 끄덕일 것이다. 누구나 한번쯤 은 앓는다는 질병, 하지만 딱히 약이 없다는 무서운 병, 그러나 시간이 흐르고 나면 자연스럽게 치유되는 병. 바로 '중2병.'

지금이야 '중2병'이라는 고유한(?) 병명으로 부르지만, 시대나 성별을 막론하고 자신을 사회로부터 도태된 특수한 계층인 것 처럼 여기는 시절은 한번쯤 있게 마련이다. 오정희도 자신의 소 설 「옛우물」에서 그렇게 말하지 않았던가. 누구나 젊은 한 시절 자신을 전설 속의, 멸종된 종으로 여기지 않겠는가, 관습과 제도 속으로 들어가야 하는 두려움과 항거를 그렇게 나타내지 않겠는가, 라고.

말마따나 '중2병'은 21세기적인 현상은 아니다. 1세기 전에도 중2병은 있었다. 물론 그 당시에는 중2병이라고 불리지도 않았고, 또 이걸 굳이 중2병이라고 단정할 수 있을지도 아리송하기는 하지만, 적어도 오정희가 이야기했던 "관습과 제도 속으로 들어가야 하는 두려움과 항거"의 표현이라면 20세기 초에도 얼마든지 존재했다.

흥미로운 점은 저런 현상을 우리가 굳이 중2병이라며 질병의 수사를 활용해서 지칭하는 것처럼, 20세기 초의 저 문학청년들도 이러한 현상을 질병의 수사에 빗대어 표현하기를 즐겼다. 다만 차이가 있다면 중2병이라는 명칭이 외부로부터 부여되는, 다소의 조소와 해학을 담은 표현이라면, 20세기 초의 문학청년들은 스스로를 병을 앓는 환자라고 선언하면서 이를 자부심과 자존감의 표현으로 여겼다. 바로 '신경쇠약'이 그것이다.

총독부의원 정신병동인 '동8호실'에 대한 《매일신보》의 르뽀

여성에게서 남성으로, 오점에서 자랑거리로

3장에서도 다루었지만, 신경쇠약은 히스테리, 신경과민, 멜랑콜리아(우울증) 등과 더불어 여성에게서 잘 발생하는 질환으로 여겨졌다. 이러한 질환들은 대체로 기혼의 중년여성에게 많이 나타난다는 것이 20세기 초의 일반적인 인식이었다. 여성의 인내를 강요하는 문화적 특성, 시부모와의 억압적인 관계, 자극에 상대적으로 취약한 여성의 특성 등이 이러한 질환을 유발한다는 식이었다. 당시 인식의 지평에서 여성은 좋게 말하자면 감수성이 뛰어난 것이었고, 나쁘게 말하자면 외부 자극에 대한 내성이 부족하다고 여겨졌다.

지금도 그러하지만 정신질환을 앓는다는 것은 당사자에게나 주변인들에게나 달가운 일은 아니다. 정신질환을 앓는 '환자'들은 간병과 치료가 요구되었으며 그보다 앞서 '자가격리조치'가 취해지기도 했다. 특히 정신질환의 경우 근대적인 병원 제도가 마련된 후에도 여전히 그 책임은 병원이나 의료보다는 가족에게 부과되었다. 물론 총독부병원이 정비되고 소위 '동(東) 8호실'이 생기면서 정신질환자 가운데 중증환자를 격리 수용하는 형태가 나타나기도 했지만, 대체로 정신질환자를 감시하고 격리하는 역할은 주변 가족의 몫이었다. 기물을 파손하거나 누군가를 폭행해서 경찰에 구금되었던 사람이 조사 결과 정신질환자로 밝혀져서 가족에게 인계된다든가, 가족에 의해 격리되었던 정신질환자가 탈출하였기에 가족들이 사방팔방 찾아다닌다는 식의 기사는 1910~1920년대 《매일신보》에서도 어렵잖게 찾아볼 수 있다.

소설에서는 어떠했는가. 근대 초기에 정신질환은 고난이나 죄에 대한 표상이었고, 여기에 노출되는 것은 항상 여성들이었다. 3장에서 살펴본 번안소설 속 여성들, 예컨대 「장한몽」의 심순애나 「쌍옥루」의 이경자에게 정신질환이란 죗값, 또는 속죄의 과정이었다. 잘못한 게 있으니 병이 든 것이고, 죄를 씻어내야 비로소 병으로부터도 해방된다는 식이었다. 병은 남들에게 숨길 것일지언정 드러내놓고 자랑할 것은 아니었다. 설령 그 병을 훌륭하게 극복하고 건강을 회복하는 결말로 끝난다고 할지라도 말이다.

1910년대 중반까지 소설의 중핵을 차지했던 것은 신문연재소설이었고, 대체로 이인직, 이해조 등의 신소설이나 조중환 등의 번안소설이 주류를 이루고 있었다. 그러나 다른 한편에서는 이러한 대중적 취향의 연재소설과는 다른 스타일의 글들이 '잡지'를 매개로 등장했다. 1900년대 후반부터 나타나기 시작한 이 '잡지'에 이채로운 선언 하나가 발표된다. 『소년』이라는 잡지에 실린 「집필인(執筆人)의 문장」이라는 글에서였다.

나는 작년 여름부터 신경쇠약이라는 병에 걸려서 이때까지 쾌유치 못하여 걱정이외다. 그러나 섭생(攝生)이라는 것은 조금도 모르는 나는 번연히 고칠 수 있는 것을 제 몸을 돌아보지도 아니하기로 하여 고치지 않고 내버려두니 이 게으름은 용단(勇斷)이 없고, 대소·이해·경중·완급의 관념이 희박한 데서 생김이외다.

내가 나에 대해 생각해 보든지, 의원이 나에게 권하는 말을 듣든지, 한 달이고 두 달이고 산 좋고 물 맑고 숲이 우거진 곳에 가서 글을 읽어도 비분강개한 뜻을 담은 글은 읽지 말며, 글을 지어도 되지 못하게 시대와 세상을 걱정하는 글은 짓지 말며, 친구를 만나도 또한 그런 부류의 친구는 상종하지 말고 뜰에 난 풀이나 연못 속의 고기처럼 천지간의 생의나 보면서 속 편하고 가슴 유하게 지냈으면 아무리 거머리 같은 병마(病魔)라도 쫓아내기 전에 갈 줄을 알지만, 이를 단행하지 못하고 밤에는 잠을 덜 자고 낮에도 눈곱 낀 채 광채 없는 눈동자로 보아도 맛없고 써도 뜻 없는 것을 읽고 쓰기에 골몰하니 나의 일이나 알 수 없으며…."

육당 최남선과 그가 발간했던 잡지 『소년』 1권 1호의 표지

『소년』은 1908년에 최남선이 창간한 잡지다. 발행과 편집을 모두 최남선이 도맡아서 했다. 위의 글이 실린 것은 2권 2호, 즉 발간 2년차(1909년)에 두 번째로 나온 호다. 간행 시기는 1909년 2월 1일. 이「집필인의 문장」이라는 글은 다름 아닌 최남선 자신의 근황과 심경을 토로한 글인 셈이다.

사실「집필인의 문장」은 꽤 이례적인 글이었다. 왜냐하면 『소년』에는 이미 권말마다「편집실 통기(通奇)」라는 고정란을 두어 편집자의 후기나 공고 등을 게재하고 있었기 때문이다. 최남선이 할 말이 있었다면 이곳에 실어도 될 일이고, 더군다나「편집실 통기」에 저런 식의 개인적인 술회를 늘어놓는 일도 별로 없었다. 굳이「집필인의 문장」이라는 특별한 지면을 별도로 마련했을 정도로, 최남선은 따로 전하고 싶었던 이야기가 있었던 것이다.

최남선은 말머리부터 아예 직설적으로 "나는 신경쇠약을 앓았다"고 선언한다. 게다가 스스로도 건강을 다스리는 일에는 조금도 아는 바가 없어서 쉽게 고칠 수 있는 것을 여태까지 못 고치고 있노라고 토로한다. 꽤 신선한 고백이다. 당시 지식인들의 일반적인 논조란 불특정 다수의 독자를 향하여 '위생'을 철저하게 준수하고 이를 통해 '건강'을 유지하는 것이 나라를 강하게

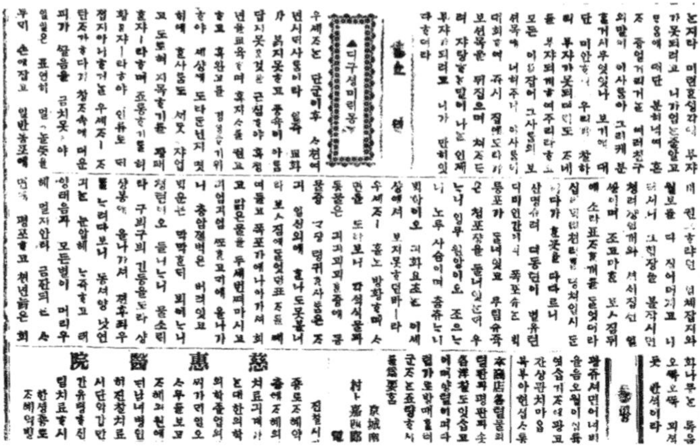

신채호의 『지구성미래몽』 연재 첫 회분

만드는 일임을 강조하는 것이었다. 최남선이라고 딱히 달랐던 것도 아니다. 위생에서 건강으로, 다시 국가의 흥망성쇠로 연결되는 담론은 당시로서는 너무나 당연하게 통용되던 이야기였다. 하지만 적어도 이「집필인의 문장」속 최남선은 그러한 모범적인 근대시민의 모습과는 동떨어진 모습이다.

왜 그랬을까. 왜 최남선은 스스로 "신경쇠약(이라는) 병"을 앓고 있음을 천명했을까. 이는 말하자면 살짝 뒤집힌 채 표현된 자부심이었다. 굳이 세상일에 비분강개할 것도 없이 속 편하게 살았으면 앓지 않았을 병인데, 자신은 그러한 이치는 돌아보지도 않고 세상을 근심하는 글을 읽고 쓴 결과로 신경쇠약을 앓게 된 것이라고 술회하고 있지 않은가. 위에서 인용한 부분을 지나서 끄트머리에 도달할 무렵에는 아예 "제 몸 돌아볼 줄 모르는 사람"으로 스스로를 자리매김한다.

우국지사(憂國之士). 이 네 글자로 정리할 수 있겠다. 이처럼 나라를 걱정하는 마음을 '병'을 통해 드러내는 건 최남선이 최초도 아니려니와, 세상을 등진 선비들의 다소 상투적인 수사이기는 했다. 다만 최남선은 이를 '신경쇠약'이라는 근대적인 병명과 접목시켰다는 점, 그리고 앞서도 언급했듯이 이 신경쇠약은 원래 당시 조선에서는 여성들의 질환으로 여겨졌다는 점에서 이

채를 띠고 있다. 세상을 걱정하느라 병까지 앓게 된 자신은 보통의 사람과는 다른 존재라는 고독한 자부심. 신경쇠약은 이러한 자부심의 표상과도 같은 존재로 거듭나고 있었다.

공교롭게도 같은 시기에 이러한 고독한 자부심을 정신질환과 연결하여 표현한 문인이 한 명 더 있었다. 어찌 보면 최남선과는 가장 멀리 떨어졌다고 할 법한 인물, 바로 신채호였다. 1909년 여름에《대한매일신보》에 연재된 소설 「지구성 미래몽」에는 '우세자(우셰즈)'라는 주인공이 등장하는데, 이 사람은 "일찍이 교화가 밝지 못하고 풍속이 아름답지 못한 것을 근심하여 혹 청년을 교육하고 혹 지사를 권고하고 혹 완고를 깨우치기 위하여 세상에 돌아다닌 지 몇 해건만, 한 사람도 깨닫는 자가 없고 도리어 (우세자를) 지목하기를 광패(狂悖)한 자라 하며, 조롱하기를 허황한 자라 하여 인간으로 대접하지 아니"한 인물로 묘사된다. 『소년』의 최남선과 마찬가지로 세상에 대한 걱정의 마음(憂國之情)으로 나섰으나 오히려 세상 사람들로부터 미치광이라고 손가락질을 당했다는 것이다. 이 「지구성 미래몽」의 주인공 우세자란 곧 신채호 자신을 가리키는 것이었다.

여기서 미쳤다는 것, 정신질환에 노출되었다는 것, 신경쇠약을 앓는다는 것은 곧 비범함의 표상이다. 세상에 대한 남다른 식견과 감수성을 지녔기에 밤에도 제대로 잠을 못 이루면서 쓰기와 읽기에 골몰하고, 잡지와 월보를 발간하면서 사람들을 깨우치는 일에 몰두할 수 있다는 것이다. 설령 그것이 세상 사람들로부터 손가락질을 받게 되는 원인이 된다 할지라도, 그러한 비범한 존재임을 스스로 선언하는 것이 바로 "나는 신경쇠약을 앓고 있다"는 자부심 섞인 고백의 핵심이었다.

사실 이러한 감각은 비단 20세기 초 대한제국, 혹은 합병 이후의 조선에 있던 문인들만의 것은 아니었다. 오히려 신경쇠약이라는 단어의 유래 자체를 따진다면 이는 철저하게 박래품의 성격이 강했다. 애초에 '신경'이라는 개념부터가 번역을 거쳐서 유입된 것이려니와 신경의 과도한 소모가 쇠약을 낳는다는 신경쇠약의 발상은 처음부터 '문명병', 즉 근대문명의 급격한 발달이 낳은 과도한 자극과 압박으로 인해 발생한다는 데에서 출발하고 있었다. 1880년 미국인 의사 조지 M. 비어드(George M. Beard)가 제시한 이래로 이 신경쇠약이라는 병명은 급속히 동아시아로 수입되었고, 불과 10여 년 사이에 나쓰메 소세키와 같은 작가들에 의해 문학의 영역 내로 침투하기도 했다. 최남선이 스스로 신경쇠약을 앓는다고 외치게 만든 감성은 상당부분 외래적인 것과 맞닿아 있었다.

하지만 그뿐만은 아니다. 같은 신경쇠약이라 할지라도, 그리고 서양에서 일본을 거쳐 한국으로 건너온 개념이라 해도 그 맥락은 완전히 동일하지는 않았다. 신경쇠약이라는 박래품을 이해하고 받아들이기 위해서는 우리에게 익숙한 방식으로 재번역, 혹은 '번안'을 하는 과정이 필요했고, 여기에는 필연적으로 기존에 있던 다른 질환과의 연계나 재배치 작업이 수반되게 마련이었다.

앞의 제3장에서 신경쇠약이 '슬그머니' 화병의 자리를 대체하는 광경도 이러한 과정이었다. 따지고 보면 「은세계」의 본평댁이 앓는 화병-실진이나 「장한몽」의 심순애가 앓는 멜랑콜리아-히스테리는 그 발병 원인이나 경과에 있어서 서로 별반 다를 바가 없다. 다만 원인의 출발점이 외부로부터의 고난이냐(「은세계」의 강원감사) 내부로부터의 모순이냐(「장한몽」의 이수일)에서 차이를 보이기는 하지만, 병 자체만 놓고 본다면 사실상 화병이라는 익숙한 질환 위에 '신선한' 이름표를 붙인 셈이었다. 히스테리나 멜랑콜리아, 신경쇠약과 같은 근대적인 병명들은 기존의 독자 대중이 이해할 수 있는 전통적인 화병의 체계에 맞게 재편과 재배치를 거침으로써 일종의 '번안'을 겪은 셈이었다.

吐血昏倒後絶命

愛妻出奔을 悲嘆하고

젊은 쳐를 남에게 쌔앗기고
락망끗혜 피를 토하고 죽어

충북청주본뎡(淸州本町) 륙뎡 목려인숙 영업하는 박복슌(朴福順)방에는 지난념팔일 오젼 녜시경에 피를토하고 죽은히려 사망자가잇섯힌데 그사망자는 과갓치대소동을 이루엇섯다 데 그사이용품들은록 사망자는 경긔축쳥뎡 원벅사십오번디에 으로쳐싴함이끈낙하야 그본쳐 되는 권명슉(權明淑)(二一)과주

식영업이라도하야 보자는 결심으로금년여들살먹은 자식은송 월동오십삼번디에 쎄여두고두 내외가손길을마조잡고시골로써 려와서 충북선쳔안역(忠北線 淸安驛)에와쇠 일시려관에잇 쳐가며음식뎜영업을 경영할목 덕으로밧밧으로 주션향진쳥군 읍내(鎭川郡邑內) 미곡상 검신환(金信煥)(三○)이 라 쳥년이 쳥안역에 자조왕릭

처를 빼앗긴 울분으로 피를 토하고 죽은 남자에 대한 기사
《매일신보》 1926년 1월 23일자

번안된 질병의 재번안, 혹은 받아쓰기

이러한 '번안'의 작업에서는 한 가지 두드러지는 점이 있다. 화병의 자리를 신경쇠약이 차지하면서, 본래 화병이 갖고 있던 '육체적' 속성은 슬그머니 퇴장했다는 점이다. 소위 "피를 토한 다"라고 표현되는 울화의 신체적 발현 양상은 화병이 등장하는 여러 신소설에서 다양한 형태로 묘사된다. 가슴을 탕탕 두드린 다거나, 피를 토하며 기절한다거나, 얼굴에서 생기가 사라진다 거나, 자리에 드러누워 식음을 전폐하게 된다거나 등등. 이런 묘사들이 번안소설로 넘어오면서는 대부분 신체 증상에 대한 서술보다는 환자 자신의 내면, 특히 '꿈'에 대한 묘사나 이를 짐 작케 하는 행동으로 대체된다.

신경쇠약을 앓았다던 최남선의 고백에서도 신체화 증상에 대한 이야기는 딱히 나타나지 않는다. 고작해야 잠을 제대로 자지 못해서 눈곱이 낀 채 광채 없는 눈동자로 입맛조차 잃었다는 것 정도이다. 사실 여기에도 흔적이 전혀 남지 않은 것은 아닌데, 신소설에서 화병을 앓는 여성인물 중 상당수가 식욕 부진, 의욕 감퇴, 각종 신체적 쇠약 증상을 나타내는 경우가 많기 때문이 다. 그러나 신소설에서의 화병 환자들이 누구나 알아볼 수 있을

만큼의 쇠약증, 즉 "도저히 눈을 뜨고는 볼 수 없는 몰골" 수준
으로 묘사된다는 점을 생각하면 최남선의 고백은 그리 대단치
않게 느껴질 정도다. 하물며 피를 토하며 기절하거나 생명의 위
협마저 겪는 양상과는 비교할 수조차 없다.

　그렇다면 그 신체 증상들은 어디로 갔을까. 신경쇠약의 대두
와 더불어 '뇌', '신경', '정신병' 등에 대한 지식이 보급되면서 자
연스럽게 사라졌을까. 공교롭게도 최남선과 함께 한국 근대문
학 초창기의 손꼽히는 문인 중 한 사람이 그 물음에 대한 힌트
를 제공해주고 있다. 바로 「무정」의 작가로 유명한 이광수(李光
洙)다.

　　그는 시인이로다. 정열가로다. 남이 느끼지 못하는 바에 느끼
　는 것이 얼마며, 남이 깨우치지 못하는 것에 깨우치는 것이 얼마
　며, 그리하여 남이 원통해하고 슬퍼하고 근심하고 울지 아니하
　는 바에 혼자 원통해하고 슬퍼하고 근심하고 우는 것이 무릇 얼
　마인지를 알지 못하는도다. (…) 남이 모르는 근심과 남이 아니
　하는 걱정에 그가 이제 남이 깨닫지 못하는 병에게 붙잡혔도다.
　잠시일망정 병상에 눕지 아니하지 못할 사람이 되었도다.

1910년대에 발행된 잡지 『청춘』과 춘원 이광수

이 글은 1918년 4월에 간행된 『청춘』 제13호에 실린 「아관(我觀)」이라는 제목의 글이다. 저자가 누군지는 알 수 없지만, '춘원(春園)' 즉 이광수의 근황과 그에 대한 감상을 적어두고 있어서 눈에 띈다. 이 글에 따르면 이광수는 얼마 전 발병하여 병원에 입원했는데, 인용 부분은 저자가 생각하는 발병 원인을 담은 것이다. 공교롭게도, 앞서 최남선이 스스로 신경쇠약을 앓고 있다며 거론했던 내용과 적잖은 부분이 일치한다. 보통의 사람들이 가질 수 없는 근심, 슬픔, 나아가서는 이러한 감정의 소모를 가능케 하는 독보적인 감수성의 소유자라서 이광수가 병이 들었다는 이야기다.

그러나 이광수의 병명은 최남선과 같은 신경쇠약이 아니다. 혹은 다른 정신질환도 아니다. 인용문의 필자가 밝히고 있는 병의 정체는 "우측 폐에 결핵의 조짐이 있다"라는 것. 말하자면 폐결핵에 걸렸는데 그 이유가 춘원이 과도하게 신경을 소모한데다, 혹은 비범한 감수성의 소유자이기 때문이라고 풀어놓고 있는 셈이다.

당연한 이야기지만 결핵과 신경쇠약은 서로 병리학적인 인과관계는 없다. 결핵의 직접적인 원인은 일단 결핵균에 의한 감염이고, 결핵균에 감염된 상태에서 면역 기전이 약해지면 발병하는 것으로 알려져 있다. 위생 상태가 불량하거나 영양 부족 등으로 신체가 쇠약해지면 증상으로 발현되는 것이 결핵이다.

물론 이 「아관」이라는 글에서도 이와 관련된 서술이 없는 건 아니다. "북으로 시베리아의 들을 헤매며 남으로 양자강의 언덕에 구를 때에 부평초(浮萍草)와 같이 고향 없이 떠돌아다니는 신세가 가는 곳마다 (뜻하는) 바를 얻지 못하고 끓는 피 더운 눈물이 잠시도 그에게서 떠나지 아니하였다"고 한 것을 보면, 이광수는 오랜 기간 객지를 떠돌아다니는 과정에서 면역력을 잃고 폐결핵에 감염된 듯하다. 하지만 「아관」의 필자는 그것이 발병의 원인이라고 말하지 않는다. 오히려 "그에게는 무쇠 같은 몸 (…) 한량없는 정력이 있나니" 저런 이유 때문에 건강이 상하지는 않았으리라고 반문하며 확신한다. 그 반문 속에서 나온 대답이 바로 위의 인용문이다.

세상으로부터 동떨어진 듯한 고독함, 혹은 세상으로부터 인정받지 못하는 울분, 이러한 감정이 뒤섞여서 신경을 소모시키고 그 결과로 폐결핵까지 이르렀다는 게 「아관」에서 드러나는 이광수의 발병 과정이다. 울분에서 신경의 소모로, 다시 결핵으로 이어지는 기전은 기실 울분에서 비롯되어 신체화 증상을 동반하는 화병의 그것을 좀 더 세밀하게 풀어서 쓴 방식에 가깝다. 신경과 뇌에 대한 이해가 보편화되고, 정신병 역시 뇌나 신경 작용의 이상에서 비롯된다는 관념이 확산되는 과정에서 문학은 화병의 정신병리학적 요소를 중심으로 '신경쇠약'이라는 개념을 받아들였고, 이 과정에서 분리된 신체화 증상은 폐결핵이라는 별도의 병명으로 포섭되면서 새로운 맥락을 만들어 나간 것이다.

사실 그 단초는 이미 신소설에서부터 찾아볼 수 있다. 최찬식이 지은 신소설 「안의성」(1912)에서 '정애'는 시어머니의 모함으로 인해 화병이 발병한다. 소설 본문에서는 울화로 인하여 '심경병(心經病)'이 들었다고 하며, "동양의학에서 뇌점이라 하는 병과 흡사하다"고 설명한다. 여기서 심경병은 오늘날의 심장병과 비슷하며, 뇌점은 다름아닌 폐결핵이다. 김유정의 소설 「만무방」에도 폐결핵이 뇌점이라는 이름으로 나온다. '뇌점과 흡사하다'는 「안의성」의 설명에서 이미 화병과 결핵의 인과는 조금씩 표현되고 있었던 셈이다.

여기에 결핵에 대한 당대 서구의 인식도 적잖게 작용했을 것으로 보인다. 서구 낭만주의 시대에 결핵은 사랑에 대한 은유로 활용되었다. 사랑이 인간의 정열을 소모하듯이 결핵 또한 인간의 육체를 소모한다는 이미지로 통용되었고, 창백하고 연약한 결핵 환자의 용모는 뛰어난 감수성을 지닌 예술가의 그것으로 간주되기도 했다.(수잔 손탁, 36~49) 말하자면 결핵은 곧 예술가의 병이었다. 이러한 인식은 스스로를 문인이라 주장하고 싶었던 20세기 초 문학청년들에게는 말 그대로 '로망'이었다. 보통의 사람들에게 결핵은 치료가 불가능한 무서운 질병이었지만, 문인이자 예술가임을 자처하는 청년들에게 결핵은 자랑스럽게 내세울 만한 훈장 같은 것이었다.

신소설에서 여성인물의 고난에 대한 상징으로, 또는 번안소설에서 여성인물의 속죄를 요구하는 형벌로서 등장했던 신경쇠약은 최남선이나 이광수에게 이르러서는 남다른 감수성과 고독함으로 세상을 날카롭게 관찰하고 비판할 수 있는 자부심의 표상으로 다시 한번 '번안'된다. 여기까지였다면 아마도 서구나 일본의 신경쇠약을 '번역'한 것에 가까웠겠지만, '수입처'에서는 찾아보기 어려운 '울분'의 개념이 포괄되었다는 점이 이 시기 문학작품에 등장하는 신경쇠약과 결핵의 공통 특징이다. 울분은 화병의 주된 병인(病因) 중 하나였던 만큼, 신경쇠약과 결핵이라는 두 질환과 이를 하나로 묶는 울분의 감정에는 화병이 밑바탕에 깔려 있었던 셈이다. 그리고 이러한 화병의 주된 원인이 가정의 붕괴나 배우자와의 이별과 같은 개인-가족 단위 혹은 전통적인 윤

박태원의 『소설가 구보씨의 일일』의
《조선중앙일보》 연재분

리관에서의 고난이 아니라 '민족'이나 '사회' 단위에서 벌어지는 불가항력적인 고난이라는 게 또 다른 특징적 요소이기도 했다.

신경쇠약이 쏘아올린 작은 공

최남선과 이광수로부터 시작된 신경쇠약-결핵의 감각은 이후의 작가들에게도 적잖은 영향을 끼치게 된다. 작가 스스로에 대해, 혹은 소설 속 인물에 대해 신경쇠약-결핵의 의미를 덧씌우는 일이란, 곧 이들이 예술의 첨단에 놓인 감수성 뛰어난 청년임을 표상하는 방법이었다. 김동인의 「약한 자의 슬픔」이나 나도향의 「젊은이의 시절」 속에 등장하는 인물들의 신경증, 혹은 이상이나 박태원, 김유정처럼 작가 자신이 신경쇠약이나 결핵을 앓았던 경우 등만 보더라도 이 두 질환이 문학에 끼친 영향은 상당히 뚜렷하다.

하나 재미있는 점은 이런 인식이 나중에는 의사들의 판단까지도 바꿔놓았다는 점이다. 1934년 《동아일보》에 신경쇠약과 관련된 처방을 자문했던 의사 안종길은 다음과 같은 말을 남긴다. "(신경쇠약을 앓는 사람 중에는) 탁월한 천재가 적지 않으며, 그

중에서도 시문, 미술, 수학, 과학의 지식에 매우 우수한 자가 있다." 신경쇠약은 어느덧 의사들에게까지도 그저 치료를 요하는 병리 현상만이 아니라, 특출난 지적 재능이나 감수성을 나타내는 징표로도 여겨지게 된 것이다. 물론 그게 실제로 얼마나 병리학적 근거를 갖고 있는 건지는 알 수 없지만 말이다.

이뿐만이 아니다. 조선에서의 신경쇠약은 특출난 감각의 표상에서 그치는 게 아니었다. 공교롭게도 조선에서의 신경쇠약은 일정 부분 '울분'의 감정을 포함하는 것이기도 했다. 이는 개인적 문제에서 비롯된 울분이라기보다는 국가나 사회에 대한 지식인으로서의 울분, 즉 식민지라는 특수한 상황 하에 놓인 지식인의 감각과 연결되는 것이었다. 앞서 최남선의 경우에도 그러했지만, 남다른 감수성의 소유자라는 건 식민지라는 특수한 현실을 남다르게 바라볼 수 있는 감각의 소유자임을 뜻하기도 했다.

말하자면 그것은 식민지에서 살아가는 지식인의 '화병'과도 같은 것이었다. 신경쇠약이라는 근대적인 병명을 확보했고, 신체화 증상은 결핵에게 그 자리를 넘겨주었고, 가부장적 질서에 사로잡힌 여성 대신 스스로를 예술가라 칭하는 남성에게 전유되었으며, 치료되어야 할 질병에서 남들 앞에 내세울 만한 징표로 전환되기는 했지만 말이다. 따지고 보면 화병으로부터는 아주 먼 길을 온 셈이었지만, 그럼에도 불구하고 그 기저에는 화병의 근간이 되는 울분의 정서와 이를 직접적으로 표출하거나 해소할 수 없는 '맺힘'의 감각을 유지하고 있었던 셈이다.

5

전쟁의 소용돌이와 화병
— 상처받은 심신(心身)

전쟁이라는 화(禍), 그리고 화병(火病)

의병들의 투쟁은 있었지만, 전쟁조차 없이 일본은 우리의 국권을 강탈해 갔다. 물론 외적으로는 복잡한 국제 정세와 제국주의의 발호 때문이었지만, 내부의 적들 또한 망국의 한 원인이었다.

치열한 저항이 없지는 않았다. 1919년의 3.1 운동이 대표적인 항거이다. 3.1 운동은 임시정부의 수립에 영향을 준 의미가 있었지만, 독립이라는 목표를 직접적으로 달성하지는 못했다. 오히려 조직과 핵심 인사들이 노출되었고, 만세시위 현장에서 피살되는 것은 물론 투옥과 고문 등으로도 수많은 희생자가 발생했다. 희생의 당사자뿐만 아니라, 그 가족들과 주변 인물들에게도 고통은 이어졌다.

일본에 국권을 빼앗겨 식민지가 되었다고 해도, 그것을 끝으로 우리가 전쟁의 소용돌이에서 벗어날 수 있었던 것은 아니었다. 1931년 만주사변, 1937년 중일전쟁, 1941년 태평양전쟁은 우리와 무관한 전쟁일 수 없었다. 1945년 8월, 미국이 히로시마와 나가사키에 원자폭탄을 투하하고 소련이 만주를 공략하며 일본 본토 진공을 노리자 일본은 드디어 항복을 선언하였다. 우리는 그로 인해 1945년 8월, 광복을 맞이하게 되었다.

힘겨운 과정을 거쳐 해방을 맞이했으나, 기쁨은 그리 오래 가지 않았다. '위도(緯度)' 38도선을 경계로 지도 위에 임의로 그려 놓은 선 때문에 우리 국토는 남쪽과 북쪽으로 분단이 되었다. 그리고 우리가 전쟁을 다시 겪게 된 것은 해방의 날로부터 불과 5년 뒤의 일이었다. 1950년 6월 25일, 한반도는 끔찍한 전쟁의 한복판에 놓이게 되었다. 이번에는 우리가 전면에 나서는 직접 당사자요, 그것도 동족끼리 서로 죽이고 죽는 상잔(相殘)이었다.

불과 40년 사이에 식민-분단-전쟁으로 이어진 역사에 대한 체험은 한 개인이 아니라 우리 민족 전체가 공동으로 겪은 것이었다. 대부분의 민중들은 영문도 모르고 국권이 강탈된 식민지 치하에 35년간 놓이게 되었다. 독립의 기쁨을 누리자마자, 해방은 분단으로 이어져, 각지의 개인들은 극심한 좌우익 대결에 이어 전쟁의 고통을 겪어야 했다. 민족 간에 총부리를 겨누게 된

선우휘의 『불꽃』이 게재된
『문학예술』 7월호 표지

전쟁은 죽음을 코앞에 마주한 시간이었다. 폭격과 총격, 학살과 보복을 피해 동분서주하는 피난의 연속이었으며, 실향과 이산의 경험으로 이어졌다.

1957년 『문학예술』 7월호에 신인 작품으로 발표된 선우휘의 소설 「불꽃」은 일제 강점기로부터 한국 전쟁으로 이어지는 전쟁의 소용돌이가 한 개인과 가족의 삶에 얼마나 큰 화(禍)를 안겨주었는가를 잘 보여준다. 국가는 개인의 삶을 지켜주지 못했고, 오히려 화병(火病)의 주 원인이었다. 주인공 '현'의 아버지는 3.1 운동에 가담했다가 목숨을 잃었다. 현은 아버지가 "훌륭한 일을 하시고 돌아가신 것"이라고 생각하지만, 할아버지의 생각은 달랐다.

고노인은 버럭 화를 내고 소리를 질렀다.

"어떤 놈이 그런 소릴 하던. 훌륭한 일을 했다구? 애비 두고 죽은 불효가 훌륭하다던. 네 어미를 청상과부 만든 것이 훌륭하다던?"

"그러나 나라를 찾으려구 한 일이 아닙니까?"

현 모가 현의 소매를 잡아당기며 눈짓을 했다.

"나라라구, 그래 그놈의 나라가 뭘 하는 나라랬다던? 벼슬하는 놈들만 버티고 앉아서 백성들 것 모주리 훑어가기질이나 하구, 안 내면 잡아다 볼기나 치구. 그런 놈들의 나라가 뭣이 아쉬워서 두루 찾느니 뭐이니 야단이냐 말이다. 나라를 판 놈들도 바로 그놈들인 걸, 그래 그렇지 않다 치고 나라를 찾는다니, 뭐라고 제가 나서서 야단을 했다는 거냐."

현의 아버지의 독립운동은 거룩한 일이었지만, 현의 할아버지와 어머니에게는 한으로 남을 일이었다. 아들을 잃은 한(恨)과 화를 분노와 폭언으로 표출하는 할아버지와 달리, 어머니는 현의 등 뒤에서 숨죽여 오열을 한다. 어머니는 스무 살에 과부가 되었고, 본가로 돌아가 아홉 달 만에 아들 '현'을 낳았다. 어린 현을 안고 시집으로 돌아온 며느리-'현'의 어머니-는 시아버지가 석 달 전에 맞았다는 젊은 여인에게 머리를 숙여 공손히 인사를 해야 했다. 할아버지는 죽은 아들의 뼈를 선산발치에 묻고, 현을 거두어들였다. 그리고 자신의 아들이 죽은 책임의 절반은 며느리의 타고난 팔자 때문이라고 여겼다. 할아버지의 화는 바깥으로 표출되었지만, 어머니의 화는 안으로 스며들었을 것이다. 소설 속에 명시적으로 드러나지는 않지만, 그들을 진찰한다면 '화병'이란 진단을 내리기는 어렵지 않았을 것이다.

'현'에게도 3.1 운동으로 죽은 아버지의 비극이 영향을 미치지 않았을 리 없다. 현은 얼굴도 보지 못한 아버지보다 어머니의 생애가 더 가슴 아프게 다가왔다. 친정으로 돌아가 재혼을 하라는 시아버지의 권유를 뿌리치고, 어머니는 시댁 근처 작은 초가에서 현을 홀로 키우며 살아간다. 현은 자신의 혼담이 오갈 때마다 "자기의 혼인이 또 하나의 어머니를 만들어 낼는지도 모른다"고 생각하며 그것을 물리친다.

일본군의 총격에 목숨을 잃은 아버지의 삶을 따라하고 싶지 않은 현이었지만, 총탄이 오가는 전쟁의 소용돌이로부터 멀리 벗어나기는 어려웠다. 일본에 유학을 갔던 현은 일본이 태평양 전쟁을 일으키자 동원되어 중국 전선에 투입되었다. 가까스로 사지에서 탈출하고, 전쟁이 끝나며 해방이 되어 고향으로 돌아오지만, 곧 '여수-순천 지역에서의 사건' 이야기가 들리는 듯하더니, 6.25 전쟁이 발발하여 인민군이 고향땅을 점령한다.

현의 어릴 적 친구였던 연호는 인민군이 되어 마을로 들어오고, 그의 권유에 참석했던 인민재판에서 현은 총을 빼앗아 처형

집행자를 사살하고 동굴로 도망친다. 수색 과정에서 끌려온 고 노인은 연호의 총에 맞아 죽고, 현은 연호를 쏘아 죽인다.

인간 사회의 활동은 그 사회 구성원들의 생존을 도모하고 생활을 영위하기 위한 것이다. 단 하나의 예외가 있다면, 그 사회가 '전쟁'을 치르고 있는 경우일 것이다. 본래 전쟁은 외부의 적으로부터 국토와 국민을 수호하기 위해서 불가피하게 치르는 것이라고 하지만 때로는 이념이나 정치 체제, 또는 지배 권력 등을 유지하기 위해 치르는 것이기도 하고, 실상은 내부 사회 구성원들을 죽이고 피폐하게 만드는 정치적 행위에 지나지 않는 경우도 많다.

전쟁의 후유증으로서의 '화병'

1996년 국방부가 펴낸 『한국전쟁피해통계집』에 따르면, 6.25 전쟁의 결과로 "사망, 학살, 부상, 납치, 행불 등의 피해를 입은 민간인 피해자의 총 규모는 990,968명"에 달했다. 대부분은 갑작스러운 남침 이후 후퇴와 반격이 반복된 전쟁 초기, 그리고 휴전 회담 진행 이후에는 대치 전선에서의 공방전과, 후방에서의 '빨치산 토벌 작전'으로 불린 전투에 의해 발생했다고 한다. 특히 민간인 사망자만 100만 명에 달하는데, 가족을 잃은 유족들은 물론이고 사람들의 끔찍한 죽음을 보고 들은 이들은 헤아리기 어려울 정도로 많다. 정규군 간의 전투뿐만 아니라, 민간인 사망과 관련된 군사적 행위에 가담하게 된 군경의 고통도 적지 않았을 것이다. 그들 모두에게 전쟁의 기억은 떠올리고 싶지 않은 기억과 상처로 남아 있을 것이다.

프로이트에 따르면 정신에 지속적인 영향을 주는 격렬한 감정적 충격인 트라우마(PTSD, Post Traumatic Stress Disorder)는 '외상 후 스트레스 장애'로 번역되는데 주로 "심각한 충격을 받거나 생명이 위협받는 사고를 겪은 후에 발생"한다. '외상 후 스트레스 장애'를 일으키는 대표적인 경험은 전쟁, 재난, 성폭행 등을 들 수 있는데, 모두 개인의 힘으로 저항할 수 없는, 폭력적이고 위험한 상황들이다. '화병'은 이러한 '외상 후 스트레스 장애'의 일종이라고 할 수 있는데 앞서 열거한 것과 같은 불가항력적 충격이 영문을 알 수 없게 다가올 때, 합리적인 이성으로 자신이 처한 고통스런 상황이 이해되지 않을 때 찾아온다. 분노와 억울함, 답답함이 뒤섞여서 나타나는 심리적 질병이다.

'외상 후 스트레스 장애'는 전쟁으로 인한 가장 흔하고 고통스러운 질병이다. 근대 이후 시기의 우리 민족의 경우처럼, 공동체의 목적이나 실리적 이익과도 무관하게 휘말리게 된 전쟁은 그 피해자들에게 씻을 수 없는 억울함과 원망을 안겨주게 된다.

1959년 『현대문학』에 발표된 이범선의 소설 「오발탄」에는 다음과 같은 장면이 등장한다.

> "나두 내 나라를 찾았다는 게 기뻐서 울었다. 엉엉 울었다. 시집 올 때 입었던 홍치마를 꺼내 입고 춤을 추었다. 그런데 이 꼴이다. 난 싫다. 아무래도 난 모르겠다. 뭐가 잘못됐건 잘못된 너머 세상이디 그래."
>
> 철호의 어머니 생각에는 아무리 해도 모를 일이었던 것이었다. 나라를 찾았다면서 집을 잃어버려야 한다는 것은 그것은 정말 알 수 없는 일이었던 것이었다.
>
> 철호의 어머니는 남한으로 넘어온 후로 단 하루도 이북 가자는 말을 하지 않는 날이 없었다.

이 소설에 등장하는 철호의 어머니로서는 세상일들은 이해할 수 없는 것들의 연속이다. 무엇보다 해방이 되었다는데, 집을 잃어버려야 한다는 것이 이해되지 않았다. 담장이나 장벽이 있

던 것도 아닌데 38선을 넘어 집으로 돌아갈 수 없다는 것을 납
득할 수가 없다.

 38선. 그것은 아무리 자세히 설명을 해 주어도 철호의 늙은 어
머니에게만은 아무 소용없는 일이었다.
 "난 모르겠다. 암만해도 난 모르겠다. 삼팔선, 그래 거기에다
하늘에 꾹 닿도록 담을 쌓았단 말이냐 어쨌단 말이냐. 제 고장으
로 제가 간다는데, 그래 막는 놈이 도대체 누구란 말이냐."

철호의 어머니는 매일같이 "가자, 가자."를 외친다. 풍족했던
이북 생활과 달리 남한에서 궁핍한 삶을 살게 된 어머니는 결국
미쳐 버리고 만다. 철호의 남동생 영호는 법과 윤리를 저버린
삶을 살아가게 되고, 여동생 명숙은 생계를 이유로 양공주 노릇
을 하게 된다. 철호는 동생 영호를 꾸짖어보지만, 영호는 자기
주변의 친구들을 변호하며 이렇게 말한다.

 "그렇지만 형님. 그런 친구들이라도 있다는 게 좋지 않수. 그
게 시시한 친구들이라 해도, 정말이지 그놈들마저 없었더라면
어떻게 살 뻔 했나 하고 생각할 때가 많아요. 외팔이, 절름발이,

그런 놈들, 무식한 놈들, 참 시시한 놈들이지요. 죽다 남은 놈들. 그렇지만 형님, 그놈들 다 착한 놈들이야요. 최소한 남을 속이지는 않거든요, 공갈을 때릴망정. 하하하하. 전우 전우."

영호가 변호하는 그 친구들은 바로 전쟁의 직접적 피해자들이다. 국가의 징발에 응하여 투입된 전쟁에서 장애를 얻었지만, 영웅 칭호나 보상은커녕 생계도 꾸리기 어려운 지경이 되어 있다. 권총강도를 하다가 경찰에 붙잡힌 영호를 만나고 나온 뒤, 철호는 엎친 데 덮친 격으로 아이를 낳다가 아내가 위독한 지경에 빠졌다는 소식을 접한다. 결국 아내의 죽음을 맞게 된 철호는 치과를 찾아가 의사의 만류에도 어금니를 몽땅 뽑아 버린다. 그리고 그 후유증으로 입에서 피를 쏟아내며 목숨을 잃는다.

"안 될 텐데요."

거기 의사도 꺼렸다. 철호는 괜찮다고 우겼다. 한쪽 어금니를 마저 뺐다. 이번에는 두 볼에다 다 밤알만큼씩 한 솜덩어리를 들고 나왔다. 입 안이 찝찔했다. 간간이 길가에 나서서 피를 뱉었다. 그때마다 시뻘건 선지피가 간덩어리처럼 엉겨서 나왔다.

영화 〈오발탄〉의 한 장면(유현목 감독)
(출처: 한국영상자료원 제공)

철호가 자신으로부터 뽑아내고 싶었던 것은 어금니가 아니라, 울화였을 것이다. 철호를 태운 택시기사는 "어쩌다 오발탄 같은 손님이 걸렸어. 자기 갈 곳도 모르게."라며 투덜거린다. 철호의 가족에게 닥친 연속된 불행은 그들 중 누구의 잘못도 아니고, 누군가가 그들을 겨냥한 탄환의 상흔(傷痕)도 아니었다. 누구의 의도도 아닌 불행이고 불운이며 비극이지만, 당하는 개인에게는 미치거나 일탈하거나 '화병'을 얻을 수밖에 없는 현실적 타격이었다.

소설 「오발탄」은 유현목 감독의 영화로도 만들어져 1961년 4월에 개봉한 바 있다. 영화평론가들로부터 20세기 한국 영화 최고의 작품으로 손꼽히는 이 영화는 개봉 한 달 뒤, 5.16이 일어나자 상영 금지 조치를 당하게 되었다. 전쟁으로 인한 아픔을 호소하는 것조차 '사회적 악영향'을 심어주며 '공산주의 홍보'라고 내몰리는 것이 당시 현실이었다.

전쟁의 상처는 휴전 이후에도 아물 수 있는 것이 아니었다. 잠시 떠나 있으면 돌아가게 될 줄 알았던 고향을 다시는 찾아갈 수 없게 되었고, 잠시만 헤어져 있으면 다시 만날 줄 알았던 가족과 친지들과는 영영 생이별을 하게 되었다. 남과 북으로 갈린 이산가족의 아픔은 휴전 직후였던 1956년 발표된, 반야월 작사

영화 〈오발탄〉 포스터 (출처: 한국영상자료원 제공)

이재호 작곡의 대중가요 〈단장의 미아리 고개〉 가사에 아주 잘 드러나 있다.

> 미아리 눈물 고개, 임이 넘던 이별 고개
>
> 화약 연기 앞을 가려 눈 못 뜨고 헤매일 때
>
> 당신은 철사 줄로 두 손 꽁꽁 묶인 채로
>
> 뒤돌아보고 또 돌아보고 맨발로 절며 절며
>
> 끌려가신 이 고개여 한 많은 미아리 고개
>
> (여보 당신은 지금 어디서 무얼 하고 계세요
>
> 어린 용구는 오늘 밤도 아빠를 그리다가
>
> 이제 막 잠이 들었어요 동지섣달 기나긴 밤
>
> 북풍한설 몰아칠 때 당신은 감옥살이 얼마나 고생을 하고 계세요
>
> 십 년이 가도 백 년이 가도 부디 살아만 돌아오세요.)

당시 서울 북쪽의 유일한 외곽도로로 나가는 통로였던 미아리 고개는 전쟁 발발 초기 교전이 벌어졌던 장소이며, 인민군이 후퇴할 때 피랍한 사람들을 끌고 가던 길이기도 했다. 작사가 반야월은 피난길에 어린 딸을 잃었던 자신의 기억과 미아리 고개에 얽힌 사연을 엮어 이 노랫말을 썼다고 알려져 있다.

이해연이 부른 〈단장의 미아리 고개〉 앨범 표지
(오아시스레코드 뮤직컴퍼니 제공)

선우휘의 소설 「망향」에는 고향을 잃은 이들의 아픈 마음이 잘 드러나 있다. 소설의 화자 '나'는 해방 직후 월남하여 19년째 타향살이를 하고 있었다. 세월이 흐른 만큼 잊을 만도 하고, 작은 집도 하나 마련하여 삶의 여건도 나아진 상황이었지만, 향수는 가시질 않았다.

새삼스러운 나의 향수는 가슴이 저리도록 간절한 것이었다. 아니 눈앞에 드리운 보이지 않는 장막 같은 것을 예리한 칼로 섬벅 끊어버리고 싶은데 그것이 꽉 나의 얼굴 앞에 드리워 있어서 숨조차 드내쉴 수 없을 정도로 안타까우면서도 가슴이 답답하기만 한 그런 그리움이라고 할까.

어젯밤만 해도 자리에 누워 어둠 속에서 내 고향 옛 집을 그리다가는 가슴을 조이는 갑갑증에 못 이겨 벌떡 일어나 전등을 켜고 한참 동안이나 앉아 있어야 했다.

고향을 그리워하는 '나'의 마음은 가슴이 답답한 '병증(病症)'으로 나타난다. 전형적인 '화병' 증상 중 하나이다. 누웠던 자리에서 벌떡 일어날 만큼 답답한 마음의 '나' 이상으로 향수병이 심했던 것은 '나'의 고향 친구였던 이장환의 부친이었다.

"제사를 끝낸 뒤 음복을 하셨는데 아버지는 오랜만에 과음을 하셨던가 봐. 갑자기 술상을 물리시더니 통곡을 하시지 않겠나…… 모두 놀라서 왜 이러십니까고 물었지."

이장환은 잠깐 입을 다물었다가,

"아버지는 이북에 두고 온 누님을 생각하시고 우신 거야…… 우셔도 여보게…… 그저 우시는 게 아니라 가슴을 쥐어뜯으면서 우셨으니…….."

고향 생각과 두고 온 가족에 대한 그리움에 가슴을 쥐어뜯으며 통곡을 하던 이장환의 부친은 결국 며칠 지나지 않아 머리를 물속에 들이밀고 쓰러진 채로 세상을 떠나고 말았다. '나'는 이장환의 부친이 혹시나 '일부러 그렇게 물속에 머리를 넣고 돌아가신 건 아닐까' 하는 생각을 하게 되었다.

예로부터 화병으로 인하여 피를 토하며 죽었다는 이야기, 얼굴과 머리로 화기가 몰려 그것을 이기지 못해 죽었다는 이야기가 전래되곤 한다. 발치 때문이기는 하지만 피를 토하며 죽은 「오발탄」의 철호, 갑작스러운 실족사였던 듯싶지만 물속에 머리를 넣고 목숨을 잃는 「망향」의 이장환 부친에 대해 '화병'으로 인한 죽음이라고 진단하여도 무리는 아닐 것이다.

베트남전쟁 용병의 상흔(傷痕)

한국전쟁 당시 21개국의 파병 지원을 받았던 한국은 휴전 이후 10여 년이 흐른 뒤 베트남전에 사상 처음으로 해외 파병을 하게 되었다. 베트남은 강대국 중국과 인도 사이에 위치하며 16세기 이후 서양 세력의 진출도 활발했기 때문에 오랜 세월 동안 강대국의 침략과 지배를 받아 왔다. 2차 대전이 끝난 이후에도 베트남은 여전히 프랑스의 지배하에 있었다. 호치민을 중심으로 한 베트남 독립운동 세력은 1946년 프랑스군을 상대로 독립전쟁을 펼쳤다. 전력의 열세에도 불구하고 게릴라 전술을 활용하여 프랑스군을 압박해 나갔고 결국 1954년 평화협정을 맺게 된다.

프랑스가 떠나가자, 이번엔 미국이 공산주의 팽창을 우려하며 베트남에 개입하기 시작하였다. 베트남 남부 지역은 미국의 지원을 받은 고 딘 디엠 정부와 북베트남의 지원을 받은 저항 세력인 베트남민족해방전선(NLF)의 군사조직 베트콩(Viet Cong) 사이의 전쟁터가 되었다. 1964년부터 미국 정부는 본격적으로 직접 전쟁에 개입하였으며, 한국군도 바로 이듬해 파병을 결정하였다. 전쟁이 치열해지면서 양측의 사상자도 크게

1973년 베트남 파병 장병 귀국 환영 행사(서울운동장, 1973.03.20)
(ⓒ서울시, http://photoarchives.seoul.go.kr/photo/view/101793)

늘어났고 미국 사회에서는 반전(反戰) 운동도 점차 거세졌다. 1968년 존슨 정부에 이어 닉슨 정부가 들어서면서 미국은 점차 베트남에서 손을 떼기 시작한다. 1973년 미국과 한국군을 비롯한 연합군이 완전히 철수한 뒤, 남베트남은 북베트남의 공세를 견디기 힘들어졌다. 1975년 4월 30일 남베트남의 사이공이 함락되었다. 우리가 흔히 '베트남전쟁'이라 부르는 것은 바로 이 전쟁을 일컫는 것이다.

한국군의 베트남 파병은 미국 존슨 정부의 요청에 의해 이루어졌다. 6·25 전쟁 때 우리를 도와준 자유 우방을 도와 공산 침략을 막아내야 한다는 논리로 신속히 파병 조치를 구체화하게 된다. 처음에는 의료지원 야전병원단, 태권도 교관단부터 파병이 이루어졌고, 곧이어 건설지원단 파병에 이어 1965년에 최대 5만 명 규모의 전투병 파병이 이루어진다. 수도사단 맹호부대, 제2해병여단 청룡부대에 이어 제9사단 백마부대까지 추가 파병이 이어졌고, 이들을 지원하기 위한 군수사령부대, 수송부대 등도 베트남에 주둔하게 되었다. 파병 당시 미국이 내걸었던 조건은 한국군의 현대화 지원, 북한 침공 시 즉각 대응, 파병 경비의 미국 부담, 남베트남 군수품 시장에 한국 진출 보장 등이었다.

미국의 요청 이상으로 한국이 적극적으로 파병 의사를 피력

했으며 파병 규모도 한국 측이 스스로 확대시켰다는 설도 있지만, 한국이 베트남전 참전에 대한 상당한 대가를 받았다는 점을 부인하기는 어렵다. 파병 장병에 지급된 수당을 비롯하여 전쟁 경비로서 국내로 다시 유입된 외화가 적지 않았고, 미국으로부터 받은 군사 원조, 베트남에 한국 기업이 진출하여 누린 전쟁 특수, 참전을 전후로 선진국들로부터 제공받은 차관(借款) 등을 합치면 베트남 파병으로 인해 한국은 약 50억 달러 정도의 외화 수입을 올린 것으로 추정된다. 35년간의 강점에 따른 피해의 대가로 1965년에 받았던 '대일 청구권 자금'이 산업차관을 포함하여 약 8억 달러 수준이었고, 1965년 우리나라의 수출 총액이 1억 8천만 달러 수준이었던 것을 감안하면, 50억 달러는 당시로서는 어마어마한 액수였다.

물론 참전에 따른 손실도 막대했다. 당시 대한뉴스에는 파월 장병의 승전보가 연일 이어졌지만, 머나먼 이국의 전쟁터에서 아까운 젊은 목숨들이 무수히 사라졌다. 김추자가 불러서 인기를 끌었던 〈월남에서 돌아온 김상사〉의 가사처럼 훈장을 달고 씩씩하게 돌아온 군인들도 있었지만, 다쳐서 돌아온 이들도 많았고 주검으로 귀환한 이들도 적지 않았다. 통계에 따르면 5,000여 명의 전사자, 11,000여 명의 부상자가 발생했다. '에이

전트 오렌지(Agent Orange)'로 불렀던 고엽제초제가 항공기에서 뿌려지면서 발생한 2만여 명의 '고엽제 피해자'들은 지금까지도 고통을 호소하고 있다. 맹호, 청룡, 백마부대의 파병은 부대 단위로 군번에 따라 일괄적으로 이루어졌기 때문에 파병 장병 대부분은 자발적 의지와는 상관없이 전쟁터로 차출되어야만 했다. 나중에 개사되긴 했지만, 당시 윤일로가 불렀던 반야월 작사의 〈월남의 달밤〉에 베트남이 "남남쪽의 섬의 나라"로 표현되어 있었을 만큼 베트남은 잘 알지도 못하던 먼 나라에 불과했다. (베트남은 필리핀, 인도네시아 등과는 달리 섬 나라가 아니다.) 공산주의 확장을 막아내야 한다는 '당위'로 포장했지만, 6·25전쟁마저 완전히 해결되지 않은 휴전 상태의 한국 입장에서는 대단히 위험한 선택이었다.

결국 우리에게 베트남전쟁은 경제적 문제 해결을 위해 목숨을 담보로 '용병'이 되어야만 했던 비극적 역사였다. 살기 위해 죽음을 감수해야 한다는 상황은 그 자체로 '분열적'이고 논리적으로 이해하기 힘든 현실이었다. 전쟁에 참여한 각 개인 차원에서 보아도 베트남전쟁은 매우 '분열적'이라 할 수밖에 없다. 고국에서는 공산화를 막고 자유를 지키기 위해, 세계 자유시민의 일원으로서 누구나 참전해야 마땅하다고 홍보된 이 전쟁에 막상 참전해서 보니 미군과 한국군 이외의 외국 군인은 별로 보이지도 않았으며, 전쟁의 성격도 민족 내부의 전쟁일 뿐이었다. 유엔군의 이름으로 21개국이 참전했던 한국전쟁과 비교해 보아도 폼이 나질 않는다. 유엔군 이름하에 싸우는 것도 아니고, 그저 미군의 지휘 체계와 명령에 따라 움직일 뿐이었다. 사실은 돈이 궁해 참전을 했을지라도 뚜렷한 명분에 따라 싸우며 영웅이 되는 꿈을 꾸기도 했지만, 베트남전쟁의 현장은 막연한 기대와는 많이 다른 것이었다.

베트남의 백마부대에서 1970년부터 25개월 동안 근무한 경험이 있던 박영한은 1977년 『머나먼 쏭바강』을 발표하면서 문단에 데뷔하였다. 그의 이 소설은 베트남전쟁을 정면으로 다룬 장편소설로 주목을 받았으며, 발표 당시 대중적 호응을 얻었었고 훗날 TV드라마로도 만들어졌던 작품이다. 소설 속 등장인물 황일천은 뜨거운 삶의 현장을 찾아 베트남전 참전을 자원하지만, 그가 찾던 진정한 삶의 모습은 발견할 수가 없었다. 실제로 체험한 전쟁은 매우 허무하고 지루한 것이었다. 그는 전쟁을 회상하며 이렇게 말한다.

"말로만 듣던 정글? 그 정글은…… 잡초더미, 이름 모를 짐승

들의 우짖음, 가시나무, 땀, 습진, 말라리아, 거머리와 따끔하고
지랄같이 엉겨 붙은 불개미들. 그뿐인가. 우리가 가시나무를 헤
치고 온몸이 상처투성이가 되어 정글을 헤맬 동안, 우리들 고생
을 비웃으며 이루어지고 있는 상부의 공팔…… 생각하면 허무할
뿐이었지."

베트남전쟁을 다룬 문학작품에서 주목할 것은 전쟁이나 전투
의 의미가 자신들이 애초에 생각했던 것과 너무나 다르다는 것
을 깨닫는 '환멸'과 '허무'의 순간이 드러난다는 점이다. 때로는
사람을 죽이기도 하고, 바로 옆 동료가 죽는 모습을 지켜보면서
도, 결국은 돈벌이를 위한 일일 뿐이라는 자각에 도달할 때, 전
쟁에 대한 인식과 체험은 분열적으로 나타날 수밖에 없고, 그
증상은 때로 '화병'과 유사하게 나타난다.

안정효의 『하얀 전쟁』은 전쟁 중에 경험한 정신적 외상과 분
열적 증상이 좀 더 노골적으로 드러나는 예이다.

술이 있었으면 좋겠다고 생각했다. 의식이 흔들릴 만큼만 조
금씩 취하고 싶었다. 차라리 술이라도 취하면 마비된 감각이 이
완되어 슬픔이나마 느낄 수 있을 것 같았다. 공포라도 제대로 느

끼고 싶었다. …(중략)… 그리고 나는 오늘 죽어 간 전우들을 생
각했다. 한국전쟁 시절 국민학교 다닐 때 우리들은 길거리에서
"전우의 시체를 넘고 넘어"를 노래하며 군인 흉내를 내느라고 줄
을 지어 씩씩하게 행군했었다. 그러면 신이 났다. 하지만 날마다
죽어가는 전우들의 시체를 본다는 것은 조금도 신나는 일이 아
니었다. (안정효, 『하얀 전쟁1』 중)

소설 속 주인공 한기주는 출판사 부장이 되어 살아가던 중,
자신이 목격한 전쟁의 참상을 글로 남기고 싶어 한다. 어느 날
그는 전우였던 변진수로부터 한 통의 전화를 받는다. 오랜만에
만난 변진수의 이상한 행동들은 한기주에게 전쟁의 상처와 고
통, 그리고 그 기억을 일깨워준다. 한기주가 '글'로 복원해내려
했던 상처는 변진수에게는 여전히 살아있는 '현실'로 존재하고
있었던 것이다. 그 상처의 근원은 거대한 '힘' 앞에 한 '개인'이
얼마나 나약하고 미미한 존재인가를 깨닫는 데에서 시작되는
것이었다. 두 인물은 상처와 고통이 되살아남에 따라 점차 정신
적 '증후(症候)'가 드러나게 된다.

"난 거의 매일 밤 구더기 꿈을 꿔요. 이 꿈을 처음 꾼 것은 월남

에서 돌아오는 귀국선을 탔을 때부터였어요. 물론 그 전에도 악몽을 자주 꾸고는 했지만 이렇게 끈질기게 똑같은 꿈이 자꾸만 반복되는 건 처음이었어요. …(중략)… 그러자 언제부터인지 구더기들이 나에게로 몰려들더니 꿈틀꿈틀 다리를 타고 기어올라와 내 몸을 덮고는 집단 이주를 하는 개미떼처럼 내 입과 콧구멍과 귀와 눈으로 기어들어 가기 시작했어요." (『하얀 전쟁1』 중)

서로 다른 형태로 나타나는 두 인물의 '실존적 상처'는 결국 비극적인 결말로 마무리된다. 한기주가 권총으로 변진수를 죽이는, 혹은 변진수가 한기주의 도움을 받아 자살하는 마지막 장면은 사뭇 충격적으로 다가온다. 요컨대 『하얀 전쟁』은 이미 전쟁이 끝난 한참 뒤를 시점으로 하여, 과거의 전쟁이 안겨준 실존적 상처와 후유증이 여전히 지속되고 있음을 보여주는 소설이다.

박영한, 안정효의 이런 소설들은 베트남전쟁을 직접 체험한 이들에 의해 쓰였기에, 전쟁터에서 느낄 수 있는 공포와 분열이 실감나게 드러나 있다. 더구나 그 전쟁의 정체는 명분이 약한 것이었고, 자신은 '용병'일 뿐이었다. 실제 목숨이 오가는 전쟁터는 한가로운 영웅담의 배경도 아니고, 컴퓨터 게임처럼 박진감 넘치는 액션의 현장도 아니었다. 이 작가들은 그들이 막연히 기대했던 '전쟁'과 실제 '전쟁' 사이의 차이를 분열적으로 인식하고, 전쟁이 얼마나 두렵고 공포스러운 것인가를 밝히고 있다. 그리고 이들이 체험한 공포가 어떻게 화병이나 트라우마의 증후로 이어지는가를 보여준다.

6

난장이 가족의 화병

― 산업화와 소외된 인간

한강의 기적

　우리나라는 1960년대 이후 이른바 '한강의 기적'이라 불리는 급속한 경제성장을 이루었다. 두 차례의 세계 대전 이후 경제발전을 이룩한 독일의 '라인강의 기적'에서 유래한 표현이다. 한국의 명목 GDP 규모는 1960년 20억 달러에서, 1970년 81억 달러, 1980년 638억 달러, 1990년 2,637억 달러로 늘어났다. 2018년에는 IMF 기준으로 1조 7,205억 달러를 기록해 세계 10위 경제대국이 되었다. 정부 수립 직후 세계 최빈국 수준이던 한국은 2018년 1인당 국민소득(GNI)이 3만3천 달러(한국은행 자료)를 넘는 국가가 되었다. 놀라운 경제성장이라 할 만하다.

　그러나 경제성장의 이면에는 어두운 구석도 적지 않다. 1961년 5.16 군사쿠데타로 시작된 군인에 의한 통치는 1972년 유신과 1979년 12.12로 이어지며 1993년 김영삼 정부가 출범할 때까지 30여 년간 계속되었다. 정치적 억압과 권위적 통치가 이어진 시기였다.

어떤 이들은 먹고 살 만큼의 경제성장을 이루는 과정에서 억압적 통치는 불가피했다고 보기도 하고, 18년간의 박정희 시대의 경제성장과 8년간의 전두환 시대의 물가 안정을 높이 칭송하기도 한다. 하지만 박정희 시대의 경제적 지표도 늘 좋지만은 않았다. 분기별 경제성장률을 살펴보면, 5분의 1 정도의 기간은 마이너스 성장에 그쳤으며, 집권 말기에는 20%에 육박하는 물가 상승을 기록하기도 하였다.

1994년 성수대교 붕괴와 1995년 삼풍백화점 붕괴 사고는 이익만을 추구하던 기업, 앞만 보고 달려온 경제 정책의 상징적 결과물이라는 지적도 있었다. 그것은 IMF 사태로 이어졌다. 1996년 OECD 가입으로 선진국의 반열에 오른 줄 알았던 1997년 말, 우리나라는 국가 부도 직전에 IMF에 구제 금융을 요청하는 상황에 내몰렸다. 이 사태는 그동안 '한강의 기적'이라는 말로 포장되어 있던, 급격한 경제 성장이 얼마나 불안한 토대 위에 발 딛고 있었는가를 확인시켜 주었다. 한보, 해태, 한라, 동아, 기아, 대우와 같은 수많은 재벌들이 줄지어 부도 처리되거나 그룹이 해체되는 처지에 내몰렸고, 금융기관들 중에도 은행,

증권, 종합금융사들의 퇴출과 파산이 잇달았다. 금융 시장은 통째로 외국인들에게 내준 셈이 되었고, 수많은 사람들의 해고와 실직, 이혼과 자살 소식이 후폭풍처럼 몰려왔다. 2001년 8월 IMF 구제 금융 195억 달러를 조기 상환하면서, IMF 관리 체제를 벗어나게 되었지만, IMF 이후 더욱 냉혹해진 경제 현실은 지금까지도 우리 사회를 지배하고 있다.

경제 성장의 이면들

1953년 47.3%를 차지한 농림어업의 비중은 2004년 3.7%로 축소되었고, 그 빈자리는 서비스업과 공업, 건설업 등이 차지했다. 짧은 기간 사이에 산업의 근간이 완전히 뒤바뀐 것이다. 중공업에 대한 과감한 투자는 우리 경제의 체질을 바꾸어 놓았고, 그것이 경제성장의 토대가 되었다고들 이야기한다.

문제는 통계는 단어와 숫자로만 존재하는 것이 아니라는 점이다. 거기에는 그 업종에 종사하던 '사람'이 있다. 한때 전 국민의 절반을 차지했던 농어민들은 다 어디로 갔을까.

1990년대 한국의 경제성장이 '한강의 기적'이라는 칭호를 듣고, OECD 가입으로 이어지던 시절, 한국의 성장 모델을 따라 배우겠다는 나라들도 적지 않았다. 항간에는 이런 소문이 있었다. 동남아의 어떤 국가가 한국의 성장 모델을 배우려 했는데, 통계를 살펴본 후에는 '한국의 성장은 부럽지만, 우리는 이 모델을 따라 할 수 없다.'고 거절 혹은 포기를 했다는 이야기다. 그렇게 한 이유는 한국의 모델대로 한다면, '농민들에게 너무나 큰 피해가 가게 되고, 그걸 감당하도록 할 수 없다.'는 것 때문이었다고 한다.

농업 인구가 크게 감소한 것은 농촌의 젊은이들 대부분이 농촌을 떠나 도시로 몰려들었다는 뜻이다. 농촌에는 소수의 노인들만 남게 되었고, 인구는 도시로 몰리고 모든 투자와 혜택도 도시로 돌아갔다. 농촌에 남은 노인들은 도시로 간 자녀들의 행복만을 기원하며 차별적 고통을 감내했다.

급속한 경제성장은 물가 상승을 동반했다. 1966년부터 1985년, 20년 사이에 소비자 물가 상승률은 연평균 13%에 육박했다. 1945년부터 1965년 사이에는 물가 상승률이 연평균 50%를 넘었다. 물가가 그렇게 많이 오르면 살림살이는 힘들어지기 마련이다. 그럼에도 불구하고 도시 노동자의 임금은 더 많이 올랐다. 3년차 공무원 기준으로 1945년의 월급은 쌀 한가마니 가격의

1.48배였는데, 2005년의 월급은 쌀 한가마니 가격의 9.82배였다. 한마디로 월급이 쌀값보다 6배 이상 많이 올랐다는 뜻이다.

이렇게 오르는 물가를 농촌에서는 감당할 수가 없었다. 물론 농산물 가격도 올랐지만 파종으로부터 1년 후에 수확을 해야 소득이 생기는 농업의 생산 체계는 하루가 다르게 오르는 물가를 따라갈 수가 없었다. 결국 농촌은 점점 가난해지고 농가 부채의 규모는 커져 갔다. 이농(離農) 현상은 가속화될 수밖에 없었다.

농촌을 떠나 공장이 있는 도시로 몰려든 도시인들이라도 모두 크게 오르는 월급 덕분에 풍족하게 살 수 있었던 것은 아니었다. 월급도 올랐지만, 주택 가격을 비롯한 주거비는 더 많이 올랐다. 도시로 모여든 사람들의 일부는 도시 빈민이 될 수밖에 없는 구조였다.

도시인들의 중압감과 분노

농촌은 살아가기가 점점 힘들어지면서 사람들이 점점 줄어들었다. 도시에는 일자리가 늘었으며, 도시에 대한 환상도 커져만

갔다. 사람들은 도시로, 도시로, 몰려들었다.

찰스 퍼시 스노우가 캠브리지에서 했던 강연을 책으로 묶어 1959년에 처음 출판된 『두 문화』에는 이런 구절이 등장한다.

> 그들이 어떤 선택을 하리라는 것을 우리는 알고 있다. 어느 나라를 막론하고 기회만 주어진다면 가난한 사람들은 토지를 떠나 그들을 흡수해 주는 공장으로 옮겨간다는 점에 있어서 이상하리만큼 일치하고 있기 때문이다.

김승옥의 1964년 작 소설 「무진기행」을 보자. 무진에서 교사로 일하던 하인숙은 서울에서 내려온 윤희중에게 "서울엔 제 대학 동창들도 많고…… 아이, 서울로 가고 싶어 죽겠어요."라고 말한다. 최일남의 소설 「서울의 초상」에서 서울에 갓 올라온 주인공 성수는 "며칠 동안에 자기는 서울 사람이 다 된 것 같고 덜 떨어진 몸짓으로, 또는 때가 낀 꼬락서니로 뒤뚱거리고 있는 고향 친구들이 한 단계 밑으로 내려다보여지고 있음"을 느낀다고 말한다. 지방 사람들은 서울로 가고 싶어 했고, 서울로 온 사람들은 지방 사람을 우습게 여겼다.

서울은 꿈의 공간이었을까. 1966년에 《동아일보》에 연재한

1962년 제17회 광복절 기념 '서울 시민 위안의 밤' 행사에 모여든 인파(1962.08.15)
(ⓒ서울시, http://photoarchives.seoul.go.kr/photo/view/31289) [OPEN]

것을 엮어 펴낸 장편소설 『서울은 만원이다』에서 작가 이호철은 다음과 같이 적고 있다.

이렇게 넓은 서울도 삼백팔십 만이 정작 살아보면 여간 좁은 곳이 아니다. 가는 곳마다 이르는 곳마다 꽉꽉 차 있다. 집은 교외에 자꾸 늘어서지만 연년이 자꾸 모자란다. 일자리는 없고, 사람들은 입만 까지고 약아지고, 당국은 욕사발이나 먹으며 낑낑거리고, 신문들은 고래고래 소리나 지른다.

이어서, 이 소설은 "대관절 서울의 이 수다한 사람들의 모두가 무엇들을 해 먹고 사는 것일까."라는 의문을 제기하면서, "서울은 바야흐로 싸움터다. 성실보다는 요령, 일관된 신념보다도 눈치, 진실한 우정보다도 잇속, 협동보다도 적의가 온 서울 하늘을 덮고 있다."는 현실 분석을 내놓기도 한다.

지금에 비하면 작고 초라했을 1960년대의 서울이지만, 당시 서울은 이미 '만원(滿員)'이었다. 일자리는 부족하고, 사람들은 약게 살아보지만 그들의 욕망만이 끊임없이 충돌하는 공간이었다. 『서울은 만원이다』에 등장하는 인물들은 대부분 농촌이나 이북에서 몰려든 사람들이다. 이들은 낯선 서울에서 각자의 욕망을 표출하며 살아간다. 책을 팔기도 하고, 사기를 치기도 하며, 몸을 팔기도 한다.

1962년부터 제1차 경제개발 5개년 계획이 추진되었다. 국가 주도의 경제개발 계획은 공장의 건설과 함께 1차 산업에서 2차, 3차 산업으로의 이동을 유도했다. 계획대로 농촌의 인구가 도시로 몰려들었지만, 아직 도시는 그들을 받아들일 만한 일자리를 갖추고 있지 못했다. 그나마 소설 속 인물들이 일할 수 있었던 목재소, 철물상의 일자리들은 일용직이나 다름없는 불안정한 것들이었다.

그럼에도 불구하고, 소설 속 주요인물 중 한 명인 기상현은 "빌어먹더라도 서울 올라오길 백번 천번 잘했다."라고 생각한다. 도시에서 적응하지 못하고 농촌으로 돌아가는 경우도 있었다. 상현의 한 이웃은 도시에서 다시 농촌으로 돌아갔지만, '마누라는 건디다 못해 실성하고, 두 딸은 귀농이 싫어 도망을 가'는 파국을 경험한다. 도시는 도시대로 일자리가 부족하고 빈부의 격차가 커져갔지만, 산업화 정책으로 농촌은 더욱 빠르게 속절없이 피폐해져 갔다.

주요 인물 중 한 명인 길녀는 일식집, 다방을 전전하다 성매매를 하며 살아가는 인물이다. 그녀가 고향 통영으로 잠시 다시 내려갔을 때, 그녀는 "서울 살 때는 서울이 질색"이더니, "정작 내려오니 이렇게 좁은 바닥에서는 답답해서 살 수가 없을 것 같았다"라고 말한다. 이미 도시 생활을 경험한 이들에게 농어촌은 견디기 힘들 만큼 답답한 공간이다.

농촌도 도시도 살아가기 힘겨운 이러한 상황은 그들을 숨막히게 만든다. 더욱 곤혹스러운 것은 누가, 혹은 무엇이 그들의 삶을 그렇게 힘들게 만드는가를 알 수 없다는 점이다. 길녀는 자신이 순정을 바치려 했던 남동표의 돈을 훔쳐 달아나면서 이런 편지를 남긴다.

우리끼리는 이러지 말아야 할 것이라는 생각이 드는군요. 피라미들끼리, 억울한 사람들끼리 이게 무슨 짓인가요. 정작 우리가 미워해야 할 사람들은 너무 아득한 데들 있고, 불쌍한 사람들끼리 이게 무슨 짓입니까.

『털 없는 원숭이』를 쓴 영국의 동물학자 데즈먼드 모리스는 『인간동물원』의 머리말에서 현대 도시인들에 대해 이렇게 말한 바 있다.

현대인이 살고 있는 상황은 더 이상 인간이라는 종에게 어울리는 자연스러운 상황이 아니다. 동물 사냥꾼이 아니라 자신의 뛰어난 두뇌에 사로잡힌 인간은 거대하고 불안한 동물원에 스스로 갇혀 버렸다. 이 동물원에서 인간은 극도의 중압감에 짓눌려 깨져 버릴 위험에 항상 노출되어 있다.

데즈먼드 모리스가 말하는 '인간동물원'은 바로 도시를 가리킨다. 도시의 인간들은 '극도의 중압감'에 짓눌려 있다고 말하는데, 한의학의 관점으로 보면 '언제든지 화병에 걸릴 위험'에 노출되어 있다고 말할 수 있겠다.

욕망의 좌절과 삶의 피폐함이 분노가 될 때, 그럼에도 불구하고 분노의 대상이 불명확하거나 분노를 표출할 방법을 찾지 못할 때, '화병'이 발생한다. 산업화와 더불어 도시로 몰려든 이방인들을 기다린 것은 부귀영화가 아니라, '화병'이었는지도 모른다.

목소리를 잃은 난장이의 선택

도시인들의 삶을 상징적으로 가장 잘 표현하였고, 우리 현대

문학사에 있어서도 중요한 이정표로 각광받는 작품이 조세희의 연작소설집 『난장이가 쏘아 올린 작은 공』이다. 우리의 1970년대를 문학으로 '증언' 한 것이라는 평가도 받는 소설집이다. 1976년부터 1978년 사이에 발표된 12 편의 단편소설들을 묶은 이 책의 첫 번째에 실린 소설 제목「뫼비우스의 띠」 처럼, 수록된 소설들은 기묘한 연결고리를 가진 채 연계되어 있다.

소설집 『난장이가 쏘아올린 작은 공』의 초판본 표지(문학과지성사 제공)

　표제작인 단편「난장이가 쏘아올린 작은 공」에는 낙원구 행복동에 살고 있는 난장이 가족이 등장한다. 키가 117센티미터인 '아버지'를 사람들은 '난장이'(표준어는 '난쟁이'이지만, 원작의 표현을 살려 '난장이'로 표기한다.)라 불렀다. 이 소설의 초반부 화자 '나'는 난장이 아버지의 큰아들 영수다. 가족의 생계를 위해 학업을 포기하고 인쇄 공장에서 일하고 있다. 동생인 영호도 함께 일한다. 그리고 여동생 영희와 어머니까지, 다섯 식구가 함께 살아가고 있다.

다섯 식구는 지옥에 살면서 천국을 생각했다. 단 하루도 천국을 생각하지 않은 날이 없다. 하루하루의 생활이 지겨웠기 때문이다. 우리의 생활은 전쟁과 같았다.

평상시에도 전쟁 같던 그들의 삶은 어느 날 구청에서 철거 계고장이 날아오면서 더 큰 위기에 빠지게 된다. 구청에서는 집을 철거하고 새로 아파트를 짓겠다고 한다. 입주비를 내면 아파트 입주권을 준다고는 하지만, 입주비를 낼 돈이 없던 난장이 가족은 일순간에 집을 잃을 위기에 빠진다.

영호는 "어느 놈이든 집을 헐러 오는 놈은 그냥 놔두지 않을 테야."라고 말하지만, 아버지는 "그들 옆에는 법이 있다."고 말한다. 그것으로 모든 이야기가 끝난 듯이 영희는 눈물을 흘린다.

난장이 아버지는 그동안 충분히 일을 했고 고생을 했다. 조상 대대로 그러했다. 할아버지의 아버지대에 노비제는 사라졌지만, 삶은 크게 달라지지 않았다. 아버지는 칼 갈기, 고층건물 유리 닦기, 수도 고치기 등등 많은 일을 하며 살아 왔다. 아버지가 어느 날 서커스단 일을 하겠다고 했을 때, 가족들은 아버지를 성토하며 만류했다. 그날 이후 아버지는 목소리를 잃어 갔다.

1975년도 마포 무허가 건물 철거(1975.08.23)
(©서울시, http://photoarchives.seoul.go.kr/photo/view/81187) OPEN

1964년도 한남동 무허가 건물 철거(1964.10.30)
(ⓒ서울시, http://photoarchives.seoul.go.kr/photo/view/117857) OPEN

어머니는 백반 대신 히비탄 트로키(소독제의 일종)라는 약을 사 왔다. 아버지는 그 약을 먹은 후 말을 잘 하지 않았다. 잠을 잘 때는 혀를 이로 물고 잠에 들었다. 이 무렵 아버지는 "스스로 황혼기에 접어들었다는 체념과 우울에 빠"져 들었다.

아버지가 힘을 잃어가는 세월 동안, 많은 것들이 함께 변했다. 영수와 어린 시절부터 친하게 지내던 주인집 명희의 어머니는 이제 철거라는 상황 앞에서 세입자를 다그치는 집주인일 뿐이다.

소설 중반부의 화자는 동생 영호로 바뀐다. 어느 날 영희가 사라졌다. 형인 영수는 "우리는 우리가 받아야 할 최소한도의 대우를 위해 싸워야 해. 싸움은 언제나 옳은 것과 옳지 않은 것이 부딪쳐 일어나는 거야. 우리가 어느 쪽인가 생각해 봐."라고 멋있게 말을 한다. 틈만 나면 책을 읽던 형은 공장에서의 싸움을 생각했다. 그러나 공장 동료들은 두 형제를 배신했다. 사장을 만나 담판을 하기로 했던 얘기가 새 버려, 아무도 만나지 못하고 쫓겨나고 말았다. 그날 밤 승용차를 타고 온 남자가 나타나 동네에 남은 입주권을 모두 사 버렸다.

며칠 전, 아버지는 다리 위 난간에서 술을 마셨다. 영호는 아버지가 술에 취해 돌아가실 것 같았다.

1960년대 공장 작업 환경(1964.12.30)
(ⓒ서울시, http://photoarchives.seoul.go.kr/photo/view/118387)

나는 아버지가 마지막 눈을 감는 날의 일을 생각했다. 죽음은 모든 것의 끝이다. 언덕 위 교회의 목사는 달랐다. 그는 인간의 숭고함, 고통, 구원을 말했다. 나는 인간이 죽은 다음에 또 다른 생을 시작한다는 그의 말을 이해할 수 없었다. 아버지에게는 숭고함도 없었고, 구원도 있을 리 없었다. 고통만 있었다.

승용차 안 남자가 입주권을 산 다음 날, 명희 어머니가 빌린 돈을 받고 떠나갔다. 아버지는 "달에 가 천문대 일을 보기로 했다. 내가 할 일은 망원렌즈를 지키는 일이야."라고 말한다. 그리고 며칠 뒤, 가족들이 사라진 영희를 찾아 헤매는 사이, 쇠망치를 든 사람들이 집을 찾아와 집을 부수기 시작했다.

대문을 두드리던 사람들이 집을 싸고 돌았다. 그들이 우리의 시멘트 담을 쳐부수었다. 먼저 구멍이 뚫리더니 담이 내려앉았다. 먼지가 올랐다. 어머니가 우리들 쪽으로 돌아앉았다. 우리는 말없이 식사를 계속했다. 아버지가 구운 쇠고기를 형과 나의 밥그릇에 넣어주었다.

소설 후반부의 화자는 영희로 바뀐다. 영희는 집을 나온 후에야 밖에서 난장이 가족의 집을 들여다볼 수 있었다. 회색에 감싸인 집과 식구들의 축소된 모습은 한마디로 끔찍했다. 영희는 승용차 안의 남자에게 다가갔다. 그는 영동의 부자였다. 영희는 그에게 몹쓸 짓을 당했지만 그로부터 아파트 입주권을 훔쳐 달아났다. 그리고 후에 알게 되었다. 가족들이 성남으로 가기로 했다는 사실과 아버지가 벽돌 공장 굴뚝 속으로 떨어져 돌아가셨다는 사실을. 눈물을 흘리는 영희에게 큰오빠 영수는 울지 말라고 달랜다. 영희가 "아버지를 난장이라고 부르는 악당을 죽여 버려."라고 말하자, 영수는 "그래, 죽여 버릴게."라고 다짐한다. 소설은 이 장면으로 끝을 맺는다.

온 가족이 열심히 일해 왔지만, 살던 집조차 허물어지고 살아갈 길이 막막해진 난장이는 결국 '달나라'로 갈 것을 꿈꾸지만 그의 마지막은 허망한 죽음이었다. 난장이 가족들의 선택지는 많지 않았을 것이다. 그들의 고통과 분노는 소설 속에 철거되어 가는 집터에서 말없이 식사를 하는 가족의 모습으로 비참하고 처절하게 묘사되어 있다.

마지막에 영수와 영희가 '악당은 죽여 버려'라고 분노를 표출하지만, 그 이전까지 가족들의 행동과 소설의 서술은 너무나 담담하여, 오히려 읽는 독자들이 화가 날 지경이다. 뜬금없이 '달

나라에 가서 살겠다'는 아버지의 말은 어처구니가 없게 느껴진다. 하지만 달리 생각하면, 이들이 선택할 수 있고 극복할 수 있는 방법이 현실적으로는 그만큼 아무것도 없다는 얘기도 될 것이다. 구청에 찾아가도, 집주인과 이웃들에게 호소해 보아도, 건설사 사장실을 찾아가도, 해결될 것이 별로 없다.

소설에서는 그러한 표현은 없지만, 오갈 데 없어지고 점점 쇠약해진 난장이 아버지, 다리 난간에 걸터앉아 잘 하지도 못하는 술을 만취될 때까지 마셨던 난장이 아버지가 화병에 걸렸을 것이라 해도 무리한 추측은 아닐 것이다.

1960년대 소설 이호철의 『서울은 만원이다』의 인물들과 달리, 1970년대 후반에 발표된 『난장이가 쏘아올린 작은 공』의 인물들은 변변한 직업 없이 떠돌아다니지 않아도 되는 '공장 노동자'였다. 열심히 일을 하면, 내 직장과 월급도 안정적일 거라 믿었다. 자본가들과 엘리트들은 근로기준법, 근로기준법 시행령, 근로안전관리규칙, 노동조합법 등을 만들어 놓고, 열심히 일을 한다면 노동자들의 삶을 보호해 줄 것이라 하였다.

사장은 종종 불황이라는 말을 사용했다. 그와 그의 참모들은 우리에게 쓰는 여러 형태의 억압을 감추기 위해 불황이라는 말을 이용하고는 했다. 그렇지 않을 때는 힘껏 일한 다음 노·사가 공평히 나누어 갖게 될 부에 대해 이야기했다. 그러나 그가 말하는 희망은 우리에게 아무 의미를 주지 못했다. 우리는 그 희망 대신 간이 알맞은 무말랭이가 우리의 공장 식탁에 오르기를 더 원했다. 변화는 없었다. 나빠질 뿐이었다. (중략) 옆에 있는 동료도 믿기 어려웠다. 부당한 처사에 대해 말한 자는 아무도 모르게 쫓겨났다. 공장 규모는 반대로 커 갔다. 활판 윤전기를 들여오고, 자동 접지 기계를 들여오고, 옵셋 윤전기를 들여 왔다. 사장은 회사가 당면한 위기를 말했다. 적대 회사들과의 경쟁에서 지면 문을 닫을 수밖에 없다고 말했다. 이것은 우리 공원들이 제일 무서워하는 말이었다. 사장과 그의 참모들은 그것을 알고 있었다. (표제작 「난장이가 쏘아올린 작은 공」 중에서)

공장은 커져만 가는데, 사장은 수시로 불황이란 말을 이용하고, 직원들은 해고의 위협 속에서 살아간다. 공장은 노동의 대가를 안정적으로 주기보다, 노동자들 사이의 갈등과 경쟁을 조장하였다. 연작소설 중 한 편인 「기계 도시」에는 노동자들의 58.1%가 빈곤 때문에 취업을 하고, 71.6%가 인간적인 대우를 해주는 직장을 원하며, 59.8%가 항상 피로할 정도로 작업을 한다는 통계가 인용되어 있다.

난장이 가족의 편을 들어주는 거의 유일한 지식인인 청년 지섭은 아버지 난장이와 다음과 같은 대화를 한다.

"아저씨는 평생 동안 아무 일도 안 하셨습니까?"

"일을 안 하다니? 일을 했지. 열심히 했어. 우리 식구 모두가 열심히 일했네."

"그럼 무슨 나쁜 짓을 한 적은 없으십니까? 법을 어긴 적 없으세요?"

"없어."

연작소설 중 또 다른 단편인 「궤도 회전」에서는 윤호의 입을 빌려, "난장이 아저씨는 평생 동안 고생만 하시다 돌아가셨다"며, 그분의 어린 아들과 딸, 동료들은 "자기 자신을 표현할 줄도 모르고, 인간적인 대우를 어떻게 해야 받는지도 모르는 상황"이라고 말한다. 열심히 일만 했지만, 살던 집에서 쫓겨나거나, 공장에서 다치거나, 해고를 당하거나, 성추행을 당하는 일들이 일상으로 벌어지는 것이 노동자들에게 '산업화'였고, '도시 생활'이었다.

사회적 갈등은 성별, 세대, 지역 사이에 점차 심화되고 있고,
그것은 화병의 요인이 되고 있다.
(출처: https://pixabay.com/)

근대 초기에 '화병'이 시집 와서 집안일, 육아, 그 밖의 각종 노동에 시달리면서도, 인간적인 대우를 받지 못하고, 때로는 언어적, 육체적 폭력에 노출되어 살아가던 '며느리'들의 억울함과 분노가 축적되어 생긴 문화적 질병이었다면, 산업화 시기 '난장이 가족'으로 대표되는 노동자들 역시 '화병'에 걸리지 않는 것이 이상한 현실에 노출되어 있었다.

이것은 공장의 육체노동자들에게만 해당되는 것은 아니었다. 단편 「칼날」에 등장하는 신애 역시 자신과 남편을 난장이에 비유하곤 했다. '좋은 책'을 쓰는 것이 꿈이었고 지금은 평범한 사무직 직장인으로 살아가는 남편, 한때 '꿈 많은 소녀'였던 신애, 두 사람의 가정 역시 피로가 누적되고 돈에 허덕이는 삶을 살아가고 있었다. 신애의 어머니는 위암으로 돌아가셨고, 아버지는 사회와 불화를 겪으며 불명의 병을 앓다가 끔찍한 동통에 시달린 끝에 세상을 떠났다. 신애는 수도 정비를 부탁하려 난장이를 만나서 이렇게 말한다. "저희들도 난장이랍니다. 서로 몰라서 그렇지, 우리는 한편이에요."

세월이 제법 흘렀지만, 욕망의 틈바구니에 살아가는 난장이들의 절망은 여전히 이어진다. 2009년 1월 용산 참사는 21세기에도 철거지역에서의 비극이 이어지고 있음을 자각하게 해 주었다. 최근까지도 이어지고 있는 '부동산 열풍'의 어딘가에도 욕망들의 충돌에 의한 피해자들이 존재할 것이다. 64년 만에 칸 영화제와 아카데미 영화제를 석권한 봉준호 감독의 〈기생충〉이 전 세계인의 호응을 얻었다는 것은 '세입자' 혹은 '집'을 매개로 한 비극이 전 세계 어디에나 있는 일임을 짐작하게 해준다.

참 어려운 문제이지만, 해결의 실마리는 단순한 것일 수 있다. 시집살이로 인한 '화병'의 빠른 치유책 중 하나는 화병에 시달리는 이들이 그 고통에 대한 공감과 연대를 얻는 것이었다. 억울함과 분노가 누적되기 전에, 공감하고 연대하며 '우리가 한편'임을 깨달을 수 있는 방법, 그런 방법은 없을까. 그러기에는 우리가 IMF 이후 너무 멀리 와 버린 것일까.

7

젊어도 늙어도 화가 나는 사회

— 사회적 갈등과 화병

가정 폭력과 화병

1924년에 발표된 현진건의 소설 「운수좋은 날」의 내용은 많이들 기억할 것이다. 주인공 김첨지는 "새침하게 흐린 품이 눈이 올 듯하더니, 눈은 아니 오고 얼다가 만 비가 추적추적 내리"던 날, 기침을 쿨럭거리는 아내를 걱정하며 인력거를 끌다가 운좋게 벌어들인 돈으로 설렁탕을 사오지만, 이미 아내는 세상을 떠나 있었다. 바로 그날 아침, 김첨지는 조밥을 천방지축 급하게 먹고 체했다며 "에이, 오라질년, 조랑복은 할 수가 없어, 못먹어 병, 먹어서 병, 어쩌란 말이야! 왜 눈을 바루 뜨지 못해!"라고 욕을 하며, 앓는 이의 뺨을 한 번 후려갈겼다. 욕설과 폭력이 일상화되어 있던 현실이었다.

'여자와 북어는 사흘에 한 번 패야 한다'는 말이 있었던, 과거의 사회문화적 환경 속에서 한국의 여성에게 화병은 불가피한 질병이었을지도 모른다. 소위 '매 맞는 아내'가 사회적 이슈가 된 것은 1980년대 이후였다. 그 이전까지는 '매 맞는 아내'가 없었던 것이 아니라, 사회적 이슈조차 되지 않았다고 보는 편이 옳을 것이다. 1983년 6월 1일자 《동아일보》 11면에는 "'여성의 전화', 주부 706명 조사, 매 맞는 아내 아직 많다"라는 제목의 기사가 실려 있다.

'집안일'로 생각됐던 남편의 아내에 대한 손찌검이 사회문제로 부각되고 있다. 최근 우리나라에서는 처음으로 「가정 내에서의 여성 폭행에 대한 실태조사」가 실시되어 1백 명의 아내 중에서 4, 5명은 두 달에 한번 이상씩 남편으로부터 습관적으로 얻어맞고 있다는 사실이 밝혀졌으며, 이 문제를 사회적으로 해결하려는 움직임도 일고 있다. (중략) 이들에게 '결혼 후 남편에게 맞아본 일이 있는가'를 묻자 맞은 적이 있다는 사람이 42%, 없다는 대답이 44%였으며, 대답을 안 한 사람이 14%였다. 지난 1년 동안에 맞은 적이 있느냐는 물음에는 있다는 사람이 99명으로 14%, 없다는 대답이 57%, 무응답이 29%로 나타났다.

1997년 「가정폭력범죄의 처벌 등에 관한 특례법」이 제정되면서, '매 맞는 아내'는 더 이상 가정 내의 일이 아니라, 사회적인 문제이자 형법적 처벌이 가능한 범죄로 인식하게 되었다.

물리적인 폭력 행위가 없다고 하더라도, 폭언이나 무시, 비하, 외도 등은 여성들의 '화병'의 원인이 될 수 있다. 그러한 일이 한국 사회에만 있는 것은 아니었겠지만, '화병'이 문화 관련 증후군으로 인식된 이면에는 우리 사회의 여성 차별적 현실과 특유의 시집살이 문화가 자리 잡고 있었을 것으로 보인다. 결혼한 남성과 여성이 동등한 주체로 인정받지 못하고, 사회적, 경제적 권력이 한쪽에 치우침으로써 갈등이 야기되고, 폭력이 일상화되고, '화병'이 발생하는 비극적 흐름이 형성되는 것이다.

결국 '화병'은 사회적 갈등 양상과의 연관성이 깊다는 것을 인정할 수밖에 없을 것인데, 우리 사회의 사회적 갈등은 훨씬 다양하고 복잡한 경우들이 있다는 점에서, '화병' 양상 역시 폭넓게 살펴볼 수밖에 없을 것이다.

정치적 사건들과 화병

1990년대 TV 드라마를 보면 화병에 걸린 사람들이 자주 등장한다. 1997년 방영된 MBC 드라마 〈방울이〉에는 주인공의 어머니가 아버지의 외도로 인하여 화병을 얻어 죽는다. 같은 해 MBC의 드라마 〈못잊어〉에도 주인공의 어머니가 아버지의 외도 때문에 화병으로 죽는다는 설정이 등장한다. 1995년 SBS 드라마 〈LA아리랑〉에는 노총각 아들 때문에 화병이 나는 어머니가 등장한다. 가난이나 사업 실패도 화병의 주요 원인 중 하나로 등장한다.

네이버 뉴스 라이브러리(https://newslibrary.naver.com)를 통해 《동아일보》, 《경향신문》, 《매일경제》, 《한겨레》 4개 신문에서 '화병(홧병)'이 포함된 기사들을 찾아보면 시대와 화병이 관련된 몇 가지 특징을 확인할 수 있다.

네이버 뉴스 라이브러리에서는 1920년부터 1997년까지의 기사들을 검색할 수 있다. 해방 이후 기사들 중에 1950년대에는 가정 문제로 인한 화병, 전쟁 중에 실종되거나 죽은 가족들로 인한 화병 등이 발견된다. 1960년대 이후로는 정치적 사건들로 인해 투옥되거나 죽음을 맞이한 자식들 때문에 부모가 화병을 앓다가 세상을 떠났다는 기사들이 눈에 띈다. '화병(홧병)'이 포함된 기사가 가장 많이 발견되는 해는 1988년이다. 시대를 거슬러 올라갈수록 화병의 사례가 많이 발견될 것이라고 생각하기

박종철, 이한열 군의 죽음이 계기가 되었던 1987년 6월 항쟁(1987.07.09)
(ⓒ서울시, http://photoarchives.seoul.go.kr/photo/view/100085) OPEN

쉬운데, 예상외의 결과였다. 그러나 구체적인 기사 내용을 살펴보다 보니, 충분히 이해가 되는 결과이기도 했다.

1961년 이후 이어지던 군사독재는 1987년 6월 항쟁을 계기로 끝맺을 기회를 얻게 되었다. 물론 대통령 직선제 개헌의 성과를 얻어내기는 했지만, 1987년 12월의 대통령 선거 결과는 다시 군 출신 여당 후보였던 노태우 대통령의 당선이었다. 그 자체로 절망적인 결과이기도 했지만, 1988년 4월 13대 총선의 결과 '여소야대' 국회가 구성이 되면서, 독재시절의 비극이 조금씩 밝혀질 수 있는 계기가 마련되었다.

1988년 1월 13일 《동아일보》에 실린 「철아, 아부지가 다시 왔대이」 기사에서는 1987년 1월 고문으로 인해 사망한 박종철 씨의 아버지 사연을 볼 수 있다. 기사에 따르면, 박종철 씨의 아버지 박정기 씨는 "세월이 약이라더니 오히려 병"이라며 "철이(아들 박종철)를 잃은 슬픔에다 그 사건 이후 자행되는 이 정권의 추태를 보다 못해 울홧병까지 생겼다"고 토로하고 있다. 아들의 사망 사건 이후, 박정기 씨와 그 가족들은 사과와 위로를 받기는커녕, 공권력의 감시와 협박 속에서 살아가게 되었고, 그로 인해 '화병'을 앓게 되었다는 것이다.

1988년 7월 29일 《한겨레》에 실린 「공수부대 투입이 광주 비극 불러」라는 기사에는 1980년 광주 민주화 항쟁 당시 경무국장이었던 안병하 씨의 사연이 실려 있다. 5.16 쿠데타를 주도했던 김종필 전 총리와 동기로, 육사 8기생인 안병하 씨는 5.16 이후 경찰에 투신하였고, 1980년 광주항쟁 당시에는 전라남도 경찰국장을 맡고 있었다. 5.18 광주 민주화 항쟁이 발생하자, 시위대를 향해 강경하게 대응하고 발포도 불사하라는 명령을 거부하고, 오히려 우발적 사고를 막기 위해 총기를 회수하는 조치를 펼쳤다. 결국 그는 직위 해제되어, 보안사령부에 끌려가 고문을 당하고 경찰에서 쫓겨나게 되었다. 기사에 따르면, 안병하 씨는 그 이후 화병을 앓다가, 고혈압과 만성신부전증으로 악화되었고, 하루건너 하루씩 피를 걸러내야 하는 중병에 시달렸다. 병상에서도 안씨는 "광주시민은 결코 폭도가 아니었다. 그들의 명예는 반드시 회복되어야 한다"고 강조했다고 한다. 이 기사가 나오고 두 달 여 뒤인 1988년 10월 10일 안병하 전 국장은 세상을 떠나고 말았다.

1988년 12월 7일《동아일보》에 실린 유형석의 칼럼「80년 강제해직자 복직돼야 한다」에는 1980년 신군부에 의해 강제로 해직된 언론인들의 피폐한 삶에 대한 언급이 등장한다. 강제 해직된 이들은 실의에 찬 나날을 보내다가 더러는 '화병'에 걸려 죽

국립5.18민주묘지
(국립5.18민주묘지 사진제공)

고, 더러는 폐인이 되었다고 한다. 그들의 아이들은 부정공무원의 자식이라는 불명예딱지 때문에 학교에 가지 않고 가출을 일삼았고, 약혼한 딸이 파혼을 당하는 경우도 있었다.

이러한 사례들은 모두 1980년대의 정치적 사건들로 인한 피해자들이 '화병'에 걸려 고생을 했거나, 그로 인해 죽음에 이르렀다는 내용들이다. 특히 1979년 12.12와 1980년 5.17, 5.18로 정권을 강탈한 신군부에 의한 피해자들의 가슴 아픈 사연들을 엿볼 수 있다.

1980년 광주를 바탕으로 한 문학 작품들에도 아픈 상처들은 수없이 많이 발견된다. 광주에 대한 다큐멘터리처럼 쓰인 임철우의 장편 『봄날』을 먼저 떠올릴 수 있겠다. 이 소설의 등장인물 상주는 광주 항쟁 당시 친구가 죽도록 내버려 뒀다는 죄책감 탓에 자신을 예수를 배반한 가룟 유다, 혹은 동생 아벨을 죽인 카인으로 여기며 자해를 일삼다가 정신병원에 입원하게 된다. 이순원의 소설 「얼굴」과 한승원의 소설 「어둠의 꽃」에는 계엄군 신분으로 시민 학살에 가담했다가 죄책감과 후유증으로 정신질환을 앓는 인물 '김주호'와 '종남'이 등장한다. 최윤의 소설 「저기 소리 없이 한 점 꽃잎이 지고」에는 항쟁 현장에서 어머니의 죽음을 목격하고 정신질환을 앓는 어린 소녀가 등장한다. 정

찬의 소설 『완전한 영혼』에 등장하는
지성수는 광주의 충격으로 수시로 '비
명'을 지르는 질환에 시달린다.

공선옥의 데뷔작 「씨앗불」의 주인공
위준은 광주 이후의 트라우마에 시달
리며 살아간다. 스스로의 몸에 불을 질
러 화형식을 행하는 '분신'의 꿈에 사로
잡히는가 하면, 알콜 중독에 빠져들기
도 한다. 그러다가도 "아무리 거센 바
람이 불어도 가슴 속에 꽉꽉 묻어둔 그
불은 꺼지지 않을 것"이라며, 그 원혼들

정찬 소설집 『완전한 영혼』의
초판본 표지(1992)(문학과지성사
제공)

을 가슴에서 되살려내 살아가겠다는 결의를 내비추기도 한다.

한강의 소설 『소년이 온다』에는 광주에서 죽은 아들 동호를
떠올리는 어머니가 자식을 잃은 상처를 떠올리는 장면이 있다.

그저 겨울이 지나간게 봄이 오드마는, 봄이 오면 늘 그랬드키
나는 다시 미치고, 여름이면 지쳐서 시름시름 앓다가 가을에 겨
우 숨을 쉬었다이. 그러다가 겨울에는 삭신이 얼었다이. 아무리
무더운 여름이 다시 와도 땀이 안 나도록. 뼛속까지 심장까지 차

가위졌다이.

  동호 어머니는 봄, 여름, 가을, 겨울 사계절이 모두 아프다. 미치고, 앓다가, 숨을 쉬기 어렵다가, 심장까지 얼어붙는다. 자식을 억울하게 떠나보낸 것도 억울한데, 그 사실을 밝히지도 못하다가, 때로는 폭도라는 누명을 쓰고, 여전히 반복되는 왜곡과 폄하까지 겹칠 때, 그 어머니의 심정은 미루어 상상하기 쉽지 않다.

  광주의 진실은 40년 동안 아주 느리게 조금씩 밝혀졌고, 상처와 아픔도 웬만해선 씻겨나갈 세월이 지났지만, 여전히 진실된 사실 규명과 사과는 요원한 상황이다. 몸과 얼굴이 화끈거리고, 호흡이 가빠지며, 우울감과 분노에 사로잡힐 때가 많다는 화병의 증상들은 광주 항쟁과 관련된 소설 속 인물들이 겪는 트라우마와 후유증과 흡사하다. 아니, 어쩌면 '화병'이라는 질병명조차 그 피해자와 가족들의 아픔을 표현하기에는 너무 작고 초라한 것일지도 모르겠다. 억압된 여성의 사회적 현실이 '화병'을 불러왔듯, 억눌린 광주의 진실과 묻어둔 상처들이 '화병'의 증상들과 무관하지 않음은 분명해 보인다.

나이와 화병(1) - 젊어서 화병

'화병'이라는 표현 자체는 해방 이후 문학 작품에서 잘 발견되지는 않는다. '화병'이라는 질병이 모호한 성격이 있는데다가, 다소 전근대적인 질병명처럼 여기는 오해도 있었던 것으로 보인다.

그럼에도 불구하고 화병 환자는 늘어나는 추세이다. 건강보험심사평가원의 자료를 보면, 화병에 따른 연간 보험급여 비용은 2013년 약 12억 5천만 원에서 2017년 20억 원으로 크게 늘어났고, 2019년에는 약 26억 원에 달했다. 화병 환자 수는 2013~2015년 사이에는 조금 감소했지만, 2015년 12,592명에서 2019년 14,064명으로 늘어났다.

특히 유독 10대와 20대 젊은 세대의 '화병' 진단은 크게 늘어나고 있다. 2018년 10월 8일 SBS 뉴스 「청년 세대 건강 적신호」 기사를 보면, 20대 화병 환자 수는 2013년 709명, 2014년 772명, 2015년 843명, 2016년 1천225명, 2017년 1천449명으로 5년간 2배 이상으로 늘었다고 한다. 전체 환자 중에 젊은 층이 차지하는 비중도 크게 늘었다. 2019년 건강보험심사평가원 자료 기준으로, 화병 환자의 연령별 요양급여비용총액 비율을 살펴보면,

10대는 10%, 20대는 15%를 차지했다. 30대 15%, 40대 13%, 50대 17%, 60대가 17%를 기록했는데, 단순 비교로도 20대의 비중이 적지 않게 여겨지지만, 연령대별 인구수를 감안하면, 20대 화병 환자는 상당히 높은 편이다.

젊은 사람들 중에서도 남성 화병 환자가 늘어나는 추세이다. 여전히 여성의 비율이 높기는 하지만, 2017년의 남성 화병 환자는 2016년에 비해 약 30%가 늘어났다. 같은 시기 여성 화병 환자는 2%밖에 늘지 않았다. 2019년 통계를 보면, 화병 환자의 내원일수 기준으로, 60대의 경우 남성에 비해 여성 환자가 7배가 넘고, 50대의 경우에는 4.5배, 40대는 2.7배인데, 20대와 30대는 2배 이하이고, 10대의 경우에는 남성 환자가 1,973일, 여성 환자는 2,297일로 엇비슷한 수준이다. 환자수로 살펴보아도, 10대는 남성이 315명, 여성이 368명이며, 20대는 남성이 499명, 여성이 978명인데, 40대는 남성이 532명, 여성이 1,522명으로 젊을수록 남성의 비율이 높아짐을 알 수 있다.

그렇다면, 젊은이들은 왜 화병에 시달리고 있을까? 특히 젊은 남성들의 화병 비율은 왜 크게 늘어났을까? 일단, 그만큼 젊은 세대들이 스트레스를 크게 받고 있다는 추정이 가능할 것이다. 치열한 경쟁 속에 내몰린 젊은 세대들은 학업, 취업의 스트레스를 크게 받고 있으며, 남성의 경우 군입대 관련한 스트레스도 컸을 것으로 보인다. 최근 부각된 남성과 여성의 갈등 양상이 소위 여혐, 남혐 현상으로 이어진 것도 무관하지 않은 것으로 보인다.

김영하의 소설 『퀴즈쇼』에 등장하는 젊은 세대 주인공들은 이렇게 말한다.

김영하 장편소설 『퀴즈쇼』의 초판본 표지(2007)(문학동네 제공)

우리는 단군 이래 가장 많이 공부하고, 제일 똑똑하고, 외국어에도 능통하고, 첨단 전자제품도 레고 블록 만들 듯 다루는 세대야. 안 그래? 거의 모두 대학을 나왔고 토익 점수는 세계 최고 수준이고 자막 없이도 할리우드 액션 영화 정도는 볼 수 있고, 타이핑도 분당 300타는 우습고 평균 신장도 크지. 악기 하나쯤은 다룰 줄 알고. 맞아, 너도 피아노 치지 않아? 독서량도 우리 윗세대에 비하면 엄청나게 많아. 우리 부모 세대에는 저 중에서 단 하나만 잘해도, 아니 비슷하게 하기만 해도 평생을 먹고 살 수 있었어. 그런데 왜 지금 우리는 다 놀고 있는 거야? 왜 모두 실업자인 거야? 도대체 우리가 뭘 잘못한 거지?

가장 많이 공부하고, 외국어 실력도 뛰어난 세대. 대부분이 대학 진학을 하는 세대. 그러나 가장 험난한 취업 환경에 노출되어 있고, 해방 이후 처음으로 부모 세대보다 경제적으로 풍족하지 않은 세대로 분류되는 세대가 지금의 10대, 20대들이다.

김애란의 소설 「서른」에는 젊은 세대들의 불안이 무엇이고, 그들이 왜 화병에 걸리게 되는지를 짐작하게 해주는 내용이 있다.

저는 지난 10년간 여섯 번의 이사를 하고, 열 몇 개의 아르바이트를 하고, 두어 명의 남자를 만났어요. 다만 그랬을 뿐인데. 정말 그게 다인데. 이렇게 청춘이 가 버린 것 같아 당황하고 있어요. 그동안 나는 뭐가 변했을까. 그저 좀 씀씀이가 커지고, 사람을 믿지 못하고, 물건 보는 눈만 높아진, 시시한 어른이 돼버린 건 아닌가 불안하기도 하고요. 이십대에는 내가 뭘 하든 그게 다 과정인 것 같았는데, 이제는 모든 게 결과일 따름인 듯해 초조하네요. 언니는 나보다 다섯 살이나 많으니까 제가 겪은 모든 일을 거쳐 갔겠죠? 어떤 건 극복도 했을까요? 때로는 추억이 되

는 것도 있을까요? 세상에 아무것도 아닌 것은 없는데. 다른 친
구들은 무언가 됐거나 되고 있는 중인 것 같은데. 저 혼자만 이
도 저도 아닌 채, 아무것도 아닌 것이 되어가고 있는 건 아닐까
불안해져요. 아니, 어쩌면 이미 아무것도 아닌 것보다 더 나쁜
것이 되어 있는지도 모르고요.

공자는 서른 살의 나이는 '이립(而立)'이라 하여, 모든 것의 기
초가 세워지는 때라고 했지만, 지금의 사회 현실은 서른 살은
결혼을 하여 가정을 꾸리기에도, 아이를 낳고 키우기에도, 직장
에 자리 잡고 능력을 펼치기에도 모자란 나이일 수밖에 없다.
점점 치열해져 가는 경쟁, 심화되는 남녀 간, 세대 간 갈등, 더
많은 것을 요구하는 취업 시장, 점점 치솟는 주택 가격 등을 생
각하면, 미래에 대한 전망을 밝게 세우기 힘든 것이 사실이다.
이 모든 상황이 젊은 세대들을 화병에 걸리도록 만드는 것은 아
닐까.

나이와 화병(2) - 늙어서 화병

앞서 언급하였듯이, 서른 살이 '이립'이라면, 사십은 '불혹(不惑)', 오십은 '지천명(知天命)', 육십은 '이순(耳順)'이라 했다. 나이가 들수록 유혹에 빠지지 않고 욕심은 줄어들며, 하늘의 뜻을 알게 되고, 이해력이 높아진다고 하는 공자님의 말씀이다.

그러나 지금 현실의 노인들은 그렇지 않은 듯하다. 젊은 세대들이 보기에 기성세대는 '꼰대', 노인 세대는 '틀딱(틀니를 사용하는 노인을 비하하는 표현)'이다. 누군가의 아버지, 어머니 혹은 할아버지, 할머니일 이들에게 젊은 세대는 왜 그러한 비하적 표현을 쓰는 것일까?

현재의 젊은 세대들은 과거 세대들에 비해 조부모에 의해 양육된 경우가 많았다. 맞벌이하느라 바쁜 부모를 대신하여 조부모가 어린 시절 그들의 양육을 도맡은 것이다. 유년기까지는 고마운 할아버지, 할머니이겠지만, 사춘기가 지나면서 자연히 겪게 되는 세대 갈등은 부모 세대보다도 한 세대 더 차이나는 조부모들과는 더 크고 격하게 비화되었을 것이다. 노인 세대는 자신들의 세대를 이해하지 못하는 존재들일 수밖에 없다. 특히나 컴퓨터나 모바일과 같은 디지털 환경이 낯설고 미숙한 노인 세대들과의 공감 형성은 어렵기 마련이었다.

노인들의 입장에서는 빠르게 변해가는 세상은 참으로 적응하기 어려운 것들로 채워져 있었다. 세상을 오래 살았기에, 지식과 경험을 후손에게 전달해줄 수 있는 '현명한 노인'이 되기는커녕, 모든 것이 어리숙하고 어려울 뿐이었다. 더구나 평생을 함께 살아온 배우자마저 세상을 떠난 뒤라면, 핏줄을 이어받은 자식들과의 소통과 교류는 더욱더 힘들어질 수밖에 없었다.

박민규의 소설 「낮잠」에는 홀로 사는 노인이 겪는 외로움과 쓸쓸함이 잘 표현되어 있다.

혼자서 사는 게 쉬운 일이 아니었다. 끼니를 해결하는 것도, 어떤 고지서를 어떻게 처리하고… 세탁기를 사용하거나 청소를 하고… 가스 검침원에게 어떤 숫자를 불러줘야 하는지도… 알 수 없었다. 그리고, 외로웠다. 주말이면 아들네나 딸네를 찾았지만, 아이들에겐 아이들의 생활이 있다는 걸 머잖아 알 수 있었다. 교회라도 좀 다니세요, 딸아이가 말했었다. 교회를 싫어하는 건 아니지만 나는 무언가… 그래도… 그랬다. 어떤 무언가가 내 삶에 남았을 거라 믿어 왔다. 여유가 있고 비로소 자신의 삶을 살아가는, 그런 노후… 퇴직을 하고 한동안 그런 삶을 산다는 착각에 빠

2016년 탄핵 촉구 촛불집회

졌었다. 데생을 배우기도 했고, 기원을 오가고, 아주 잠깐 철학 강의를 듣기도 했다. 그리고 곧, 걷잡을 수 없는 무력감이 밀려들었다. 할 일 없는 인간이 되었다는 자괴감, 쓸모없는 인간이 되었다는 허무함, 길고, 시들고, 말라가는 시간의 악취… 얼마나 놀랐는지 모른다. 다시 일을 할 수 있으면 얼마나 좋을까, 오가는 직장인들을 바라보는 스스로의 진심에 나는 좌절했었다. 그토록 지긋지긋했던 그 삶이, 결국 내가 원하는 삶이었다니.

2017년 박근혜 대통령의 탄핵 정국은 세대 갈등을 더욱 부추겼다. 일부 언론에서는 당시 탄핵을 요구하는 '촛불집회'와 그 반대편의 '태극기 집회'를 맞대응하는 양측으로 표현하곤 했지만, 여론조사로 드러난 민심은 9:1 정도의 압도적 기울기를 보였다. 촛불집회에 참여하는 이들은 태극기 집회에 군복을 입고 성조기를 흔들며 나온 60~70대를 이해할 수 없었고, 태극기 집회에 나온 이들의 눈으로는 촛불집회에 모인 이들은 철모르고 '좌빨'에 물들었거나 '박정희 시대'의 은혜를 알지 못하는 어리석은 이들로 보일 뿐이었다.

이런 정치적 상황만이 아니라, 노년층의 경제적 현실도 갈등의 요인이다. 2015년 기준 한국의 노인 빈곤율은 49.6%. 경제협

력개발기구(OECD) 평균이 12.6%인 것을 감안하면 심각한 수준이다. 노인들은 자신들의 노력으로 경제성장을 이루고 이만큼 먹고 살게 되었는데, 여전히 빈곤에 시달리는 현실에 분노하게 되었다. 젊은 세대들은 자신들은 취업하기도 힘든데, 이미 누릴 만큼 누린 기성세대와 노년층이 자신들의 기회를 이미 박탈해 갔다고 느끼고 있다.

성별 갈등도, 세대 갈등도, 그리고 정규직-비정규직 갈등도, 사실은 무기력한 '을', '병'들끼리의 갈등에 불과하다. 영화 〈기생충〉에서 반지하에 사는 기택(송강호)의 가족과 비밀 지하실에 사는 근세(박명훈) 부부는 모두 박사장(이선균)에 비하면 비루한 존재들일 뿐이지만, 그들은 서로 싸우고 쓰러뜨리느라 함께 파멸하게 된다.

갈등을 겪는 우리 모두에게 필요한 것은 미움이나 혐오가 아니라, '이해'와 '화해'일 것이다. 물론 그것이 쉽지 않기에 머나먼 신기루처럼 느껴질 수도 있다. 그러나 젊어서도 또 늙어서도 화병을 피할 수 없는 현실을 살아가는 우리에게 필요한 것이 '공감'과 '연대'라는 사실은 그럴수록 더욱 분명한 해답이 될 것이다.

참고문헌

1. 총론: 우리는 왜 '화병'을 이야기하는가?

황의완, 『화병극복프로젝트』, 조선앤북, 2011.

민성길, 「火病의 개념에 대한 연구」, 『신경정신의학』 28권4호, 대한신경정신의학
      회, 1989.

박지환 외, 「火病에 대한 진단적 연구」, 『신경정신의학』 36권3호, 대한신경정신
      의학회, 1997.

2. 근대를 만난 화병, 고난을 만난 여성

김종우, 『화병으로부터의 해방』, 도서출판 여성신문사, 2007.

박성호, 『신소설 속 여성인물의 정신질환 연구- 화병(火病)을 중심으로』, 『Journal
      of Korean Culture』 49, 한국어문학국제학술포럼, 2020.5.

민성길 · 이종섭 · 한종옥, 『한(恨)에 대한 정신의학적 연구』, 『신경정신의학』 36-
      4, 대한신경정신의학회, 1997.

신동원, 『호환 마마 천연두: 병의 일상 개념사』, 돌베개, 2013.

3. 욕망에 눈을 뜬 여성과 '신경쇠약'

이영아, 『육체의 탄생』, 민음사, 2008.

박성호, 「《매일신보》 소재 번안소설 속 여성인물의 신경쇠약과 화병의 재배치」,
      『어문논집』 89, 민족어문학회, 2020.8.

최태원, 「일재 조중환의 번안소설 연구」, 서울대학교 박사학위논문, 2010.

4. "나는 신경쇠약을 앓고 있소"

권보드래, 현미경과 엑스레이- 1910년대 인간학의 變轉, 『한국현대문학연구』 18,
　　　한국현대문학회, 2005.
이수형, 1910년대 이광수 문학과 감정의 현상학, 『상허학보』 36, 상허학회,
　　　2012.10.
C. 한스컴, 근대성의 매개적 담론으로서 신경쇠약에 대한 예비적 고찰, 『한국문
　　　학연구』 29, 2005.
수잔 손탁, 이재원 번역, 『은유로서의 질병』, 도서출판 이후, 2002.

5. 전쟁의 소용돌이와 화병

국방군사연구소, 『한국전쟁피해통계집』, 국방부, 1996.
최성민, 「당신들의 전쟁, 우리 안의 제국주의」, 『문예연구』 제45호, 문예연구사,
　　　2005.

6. 난장이 가족의 화병

송은영, 『서울탄생기』, 푸른역사, 2018.

7. 젊어도 늙어도 화가 나는 사회

네이버 뉴스라이브러리 https://newslibrary.naver.com

경희대학교 인문학연구원 / HK+통합의료인문학연구단 / 통합의료인문학문고01

화병의 인문학 - 근현대편

등록 1994.7.1 제1-1071
1쇄 발행 2020년 9월 20일

기　획　경희대학교 인문학연구원 HK+통합의료인문학연구단
지은이　박성호 최성민
펴낸이　박길수
편집장　소경희
편　집　조영준
관　리　위현정
디자인　이주향
펴낸곳　도서출판 모시는사람들
　　　　03147　서울시 종로구 삼일대로 457(경운동 88번지) 수운회관 1207호
전　화　02-735-7173, 02-737-7173 / 팩스 02-730-7173

인　쇄　(주)성광인쇄(031-942-4814)
배　본　문화유통북스(031-937-6100)
홈페이지　http://www.mosinsaram.com/

값은 뒤표지에 있습니다.
ISBN　979-11-88765-99-7　04000
세트　979-11-88765-98-0　04000

이 도서의 국립중앙도서관 출판예정도서목록(CIP)은 서지정보유통지원시스
템 홈페이지(http://seoji.nl.go.kr)와 국가자료공동목록시스템(http://www.
nl.go.kr/kolisnet)에서 이용하실 수 있습니다. (CIP제어번호:CIP2020036011)

이 저서는 2019년 대한민국 교육부와 한국연구재단의 지원을 받아 수행된
연구임. (NRF-2019S1A6A3A04058286)